"十二五"国家重点图书

出版规划项目

清华国学丛书

全球史中的文化中国

Cultural China in Global History

清华国学院 编

图书在版编目(CIP)数据

全球史中的文化中国/清华国学院编. —北京:北京大学出版社,2014.4
(清华国学丛书)
ISBN 978-7-301-23841-7

Ⅰ.①全… Ⅱ.①清… Ⅲ.①文化史-研究-中国 Ⅳ.①K203

中国版本图书馆 CIP 数据核字(2014)第 019455 号

书　　　名:	全球史中的文化中国
著作责任者:	清华国学院　编
	刘　东　刘迎胜　李伯重　姚大力　陈　来
责 任 编 辑:	田　炜
标 准 书 号:	ISBN 978-7-301-23841-7/G·3783
出 版 发 行:	北京大学出版社
地　　　址:	北京市海淀区成府路 205 号　100871
网　　　址:	http://www.pup.cn　新浪官方微博:@北京大学出版社
电 子 信 箱:	pkuwsz@126.com
电　　　话:	邮购部 62752015　发行部 62750672　出版部 62754962
	编辑部 62750577
印 刷 者:	三河市北燕印装有限公司
经 销 者:	新华书店
	880mm×1230mm　A5　7.25 印张　166 千字
	2014 年 4 月第 1 版　2015 年 10 月第 3 次印刷
定　　　价:	30.00 元

未经许可,不得以任何方式复制或抄袭本书之部分或全部内容。
版权所有,侵权必究
举报电话:010-62752024　电子信箱:fd@pup.pku.edu.cn

清华大学国学院五位现任导师(从左至右依次是:陈来、刘迎胜、姚大力、刘东、李伯重)

《清华国学丛书》总序

在现代中国,"国学研究"就其内容而言即国人对于中国文化之研究。中国文化有几千年连续发展的历史,中国文化的体系博大精深。经过百年来与外来文明的融汇,中国文化不断实现着新的发展与更新。在中国现代化进程不断发展、全球化浪潮冲击世界的今天,更全面、更深入地认识中华文明及其历史发展,发扬优秀的中国传统文化,已经成为新时代的重要使命。清华大学国学研究院的恢复建立,就是要为中华文明的伟大复兴,为中国文化走向世界,为中国学术的卓越发展,为重振清华大学中国文化研究的雄风而尽其努力。

在清华的历史上,1925年曾成立清华研究院国学门,当时亦通称清华国学研究院,后因各种原因,在1929年停办。在短短的四年当中,毕业学生近七十名,其中后来成为我国人文学界著名学者的近五十人。清华国学研究院指导学生的教授王国维、梁启超、陈寅恪、赵元任四位先生,后被称为四大导师,清华国学研究院的研究在当时代表了我国国学研究的最高水平,其教育人才的成就也成为我国近代教育史的一段佳话。

关于老清华国学研究院的宗旨和精神,吴宓在《清华开办研究院之宗旨及经过》中明确地指出:"惟兹所谓国学者,乃指中国学术文化之全体而言。而研究之道,尤注重正确精密之方法,并取材于欧美学者研究东方语言及中国文化之成绩,此又本校研究院之异于国内之研究国学者也。"近代以来,"国学"概念的使用有不同的用法,吴宓的提法代表了当时多数学者的用法。后来清华国学研究院的教研实践也显示出,清华国学研究院对"国学"和国学研究的理解,始终是把国学作为一种学术、教育的概念,明确国学研究的对象即中国传统学术文化,以国学研究作为一种学术研究的体系。在研究方法上,则特别注重吸取当时世界上欧美等国研究中国文化的成果和方法。这表明,老清华国学研究院以研究中国传统文化为本色,但从一开始就不是守旧的,而是追求创新和卓越的,清华国学研究院的学术追求指向的不是限于传统的学术形态与方法,而是通向新的、近代的、世界性的学术发展。

所以,这种求新的世界眼光,是清华国学研究院得以取得如此成就和如此影响的根本原因之一。事实上,在 20 世纪 20 年代,在大学里成立国学研究的院所,清华并不是第一家,前有北京大学研究所国学门(1922)、东南大学国学院(1924),后有厦门大学国学研究院(1926)、燕京大学国学研究所(1928),尤其是北京大学国学研究所成立早,人员多,在当时影响广泛,但最终还是清华国学研究院后来居上,声望和成就超出于其他国学院所,成为现代中国学术史的标志。究其原因,除了王国维等人本身是当时我国国学研究冠绝一世的大师外,主要有二:一是清华国学研究院以中西文化融合的文化观作为基础,在中国文化的研究方面,沉潜坚定,不受激进主义的文化观念所影响;二是把国人的国学研究和世界汉学、东方学的研究连成一体,以追求创新和卓越的精神,置身在世界性的中国文化研究前沿,具有世界的学术眼光。

老清华国学研究院是不可复制的,但它的精神和宗旨在今天仍然有其不可磨灭的价值。今天的清华大学国学院,依然承续老清华国学研究院对国学概念的理解和使用,我们也将以"中国主体、世界眼光"为宗旨传承老清华国学研究院的学术精神。"国学研究"是中国学者对自己的历史文化的研究,必须突出中国文化的主体性;但这种文化主体性的挺立,不是闭关自守、自说自话,而是在世界文化和世界性的中国文化研究中确立起自己的地位。

清华大学国学研究院力图秉承老清华研究院国学门的精神,接续20世纪三四十年代清华人文研究的传统,参与新时期以来清华文科的恢复振兴,力求把"清华国学研究院"办成具有世界影响的中国文化研究中心,为中国文化研究提供一个一流的国际化的平台。研究院将依托清华大学现有人文学的多学科条件,关注世界范围内中国研究的进展,内外沟通、交叉并进,既关注传统学术的总体与特色,又着重围绕中国哲学、中国史学、中国美学与文学、世界汉学进行多维度的深入研究,以高端成果、高端讲座、高端刊物、高端丛书为特色,为发展国际化的中国文化研究做出贡献。

《清华国学丛书》是清华大学国学研究院主办的几种高端丛书之一,丛书主要收入本院教授、访问学人的研究成果,及本院策划立项的研究项目成果。这些成果在完成之后,经过遴选而收入本丛书,由北京大学出版社出版。

清华大学国学研究院
2011 年 1 月

序　言

兹将本书之缘起略陈于下。

自本院于己丑年复建以来，除了开展各项学术研究工作，还要承担各种教学活动，特别是沿着昔年"讲学社"的轨迹，不断邀来海外名家到国内垂教。而在这样的工作时间表中，有时也不免要领受校方的重托，去承担一些面向社会的教学任务。

作为这类工作的实际组织者，在一次集中安排的系列课程之余，我突然不无惊喜地发现：尽管给了同事们最大的自由度，故具体讲题原本是相当开放的，可有意思的是，也许是因为都要宏观概览地讲授，所以本院几位老师的自选题，就或多或少地、却是不约而同地，全都涉及了全球史或全球化的问题。

这当然并不是"纯属巧合"——尽管我们几位涉猎的专业不同，研究的视角不同，涉及的断代不同，甚至采取的立场也不尽相同。无论如何，只要研究升入了一定的层次，结在自家头脑中的那张"人类之网"，总会越结越广、越结越大，免不了要把全球化当作共同的焦点。

进一步说，也正因为各自关切的重心、涉猎的断代都并不雷同，如果把这几篇讲稿收纳到一起，也就从古至今、由里向外地，大致形成了一个知识系统，可以普泛地涵盖这个问题。考虑到了这一点，我也就动议将它们结集出版,让那些未能来清华听讲的公众,也都有机会通过阅读进行交流。此后,经过了大半年的商议、催促与等待,幸赖几位学长的共同热心参赞,这几篇讲稿的定本总算是收齐了!

具体而言,由于我本人处理的题目巨大,由此写出的篇幅也超长,就无法与诸兄的讲稿相协调,只好从其十节之中抽取了前两节。不过,这样做也有个意外的好处,因为这两节具有导引性的前奏,正好也可以用来充当本书的前导,率先向大家介绍"全球化"的种种复杂侧面,以及围绕它的种种音调不同、甚至针锋相对的理论总结。

刘迎胜兄的讲稿聚焦于古代,他调动了包括体质人类学、语言学和考古学在内的种种手段,来俯瞰古代中国与其他文明古国及周边世界的交流和互动,以证明在古代中国与其他距离遥远的文明中心之间,从未间断过知识与文化的交流。

李伯重兄的讲稿聚焦于近世,他基于宏观的视野和统计的数据,说明在从15世纪末到19世纪末的"早期全球化"中,尽管欧洲地区肯定成为了"火车头",但欧洲以外的地区特别是亚洲地区,也对之起到了非常重要的作用。所以,那种认定从明清以来中国就沦为贫穷、落后、停滞的观点,无非是出于西方中心论的盲目偏见。

姚大力兄的讲稿则聚焦于"全球化"背景反照下中国民族关系的独特性格。禀受于传统中国国家建构的特殊历史进程,当下的中国人或许应当比别的人群更容易理解推动民族主义之当代转型的必要性和迫切性。这种民族主义应当在回归"主权在民"的政治民主化立场的同时,以最大的热情去拥抱多民族国家的观念。

需要说明的是,以上四篇文字,要么是用于课堂的讲稿,要么根据讲演录音整理而成,都从某种程度上保留着鲜活的现场感,和面对面的可读性。这当然是一种有意的设计:我们希望利用这样的风格,来更加引起读者的兴趣,以期对于进一步的思考与阅读,起到有效的激发导引作用。

还要说明的是,陈来兄那篇放在最后、用来压阵的文字,原非这次教学活动的产物,因为他当时聚焦在另外的话题。不过幸好,他也写过一篇相应主题的论文,集中讨论"全球化时代的理与势",我们也就顺势把它收纳进来,与上述讲稿共同组成一个整体,以便让本院的每位现任教授,都能对"全球化"这样重大的话题,表达出基于不同学科和学养的观点。另外,尽管陈来兄此文的成篇时间较早,并非对于上面哪些具体展开的总结,但它仍不失为从抽象的层面上,概括地思考和演绎了这个问题。

最后要说的则是,在自下而上、方兴未艾的"国学热"中,社会各界都在以不同的形式和不同的水准,不断地怀想着早期的清华国学院。而作为那段美好佳话的后继者,这与其说使我们感到了荣耀,毋宁说更是感到了惶恐。那么,像这本即兴信手编出的小书,有资格留作后续的佳话吗?眼下对此还不敢妄念。——且来埋头做自己会做的事情吧,大概也唯有这样,才能不负自己身上承上启下的责任。

刘　东

癸巳年清明节

于清华园立斋

目 录

《清华国学丛书》总序 …………………………………… (1)
序　言 ………………………………………… 刘　东(1)

全球文化与文化全球
　　——"全球化"的复杂侧面及其理论总结 ………… 刘　东(1)
全球化视角下的古代中国
　　——古代中国与其他文明古国及周边世界的交流和互动
　　………………………………………… 刘迎胜(31)
早期经济全球化进程中的中国 ………………… 李伯重(97)
多民族背景下的中国边陲 ……………………… 姚大力(147)
全球化时代的"理"与"势" …………………… 陈　来(201)

全球文化与文化全球[①]
——"全球化"的复杂侧面及其理论总结

刘　东

先来说明一下本文的特殊体例。

由于兹事体大,涉及林林总总的各方面,不可能只在一次课程中,环环相扣地进行逻辑推演;所以,这篇讲稿只能跳跃性地、点到为止地触及相应的"知识点",并分别冠以"●"的标号,以此构成这个课件的主体;然后再把它带到课堂上,观察着听众的反应,进行适度的即兴发挥。否则,便不可能在如此有限的时间内,掠过如此广阔的

[①] 本文节选自长篇讲稿《全球化与中国文化》。由于原稿共分为十节、长达九万字,无法在篇幅上跟其他同事的讲稿相协调,这里就只截取了它的前两节,并统一冠以第二节的小题目。当然,也应把原稿各节的标题附在这里,以使读者们能略窥全豹:
  1. 尚在过程中的全球化
  2. 全球文化与文化全球
  3. 冲击案例之一:申遗
  4. 冲击案例之二:语言
  5. 冲击案例之三:建筑
  6. 冲击案例之四:电影
  7. 冲击案例之五:熊胆
  8. 冲击案例之六:通识
  9. 自我殖民与中体西用
  10. 带着警觉去加入全球

论域,帮助听众们获得总括的、哪怕只是鸟瞰式的了解。

不过,考虑到进一步阅读的需要,又想在这些必须掌握的"知识点"之外,把一些与此相关的、可以增进理解的引文,以另一种可以区别的字体,径直嵌入到正文的段落之间,并分别以符号"◎"来标示。这些内容带到了讲演的现场,未必有时间去逐条讲解。不过,它们却可以用PPT的形式,额外地快速提供给听众们,使之可以现场拍摄下来,带到课余去进一步参考。除此之外,这样还有一个附带的功效,就是提供出必要的参考书目。当然,更加不在话下的是,通过这些众声喧哗的、并不强求一致的阅读材料,有心的听众更可从中领悟到,围绕着"全球化"这个话题,实则发出过各种不同的声音,迄今并无定于一尊之论。

一、尚在过程中的全球化

●晚近以来,一项相当引人注目的学术发展,就是把理科中的生物学研究,跟文科中的人类学研究与历史学研究,进行了卓有成效的结合。分子生物学发现,地球上任何两个人的全部基因组之间的平均差别,仅为千分之一;而在父子间遗传的Y染色体基因组内,发生突变的概率又只有三千万分之一。此外,同一血缘团体的成员间,则在基因水平上对内享有共性,对外保有边界。这样,就不但为我们通过对比而研究血缘人群的遗传历史,也为我们追溯自远古以来就反复分化、融合的各种大型混合人群迁徙与互动的漫长过程,提供了科学手段。由此,经过国际上各基因组的合作排查,到我们为止的演化过程就空前清晰地展现出来,其大体上的情况是:在13亿年之前,出现了我们的"亲戚"草履虫;在300—400万年之前,人类从一种古猿演化而来;在200万年之前,人类第一次走出了非洲;大约10万年之前,他们又第二次走出了非洲。这意味着,我们几乎全都是第二次走出非洲的晚期智人的后代,或者说,当今遍布整个地球表面的人群,原本就来自同一个物种,而由于受到《圣经》掌故的影响,国外就把现代人类的母系起源形象地称为"非洲夏娃";而来自这同一位"老母猴子"的后代,由于从那里出走到了世界各地,必须适应不同的环境而生存,就逐渐演化成了如今这种有同有异的样子。

●然而,人类历史正像《三国演义》所说,其大势是"分久必合"。这些已然来到世界各地、各自构建了不同文明系统的人科动物,毕竟还享有99.9%的相同基因,还可以相互通婚共同生子,所以也就免不了要相互沟通往来,而这就构成了跨文化研究的基础。比如,李零就曾在《中国学术》上撰文指出,古代中国有一种重要的艺术主题,那是用若干不同种类的动物(鹰、狮、虎、鹿、羊等)混合而成的、背生双翼的想象动物,它们被广泛用于各种不同的材质(金、银、玉、石、陶、铜等),流行于春秋战国到魏晋南北朝的艺术作品中。长期以来,这曾经被当作我们最典型的国粹,然而,作者通过搜集先秦两汉时期的典型材料,并与域外的类似主题进行比较研究,却发现这是一种虽已被"中国化"却仍"大有胡气"的艺术主题。——这个案例相当扎实地说明,早从公元前6世纪开始,就已经有了横跨亚洲大部的绵延艺术主题,所以这种视觉表象作为一种确定的文化遗迹,足以说明那个时候就有相当广泛的人类交往,虽然我们还无须用"全球化"来命名它。

◎中国的有翼神兽,无论就文献记载看(如《汉书·西域传》的记载),还是从文物形象看(如依托狮子的形象),都与西亚、中亚和欧亚草原的艺术有不解之缘。它在中国艺术中的出现似可上溯到春秋中期或至少是晚期,是从那时突然出现,逐渐发展为中国艺术的重要主题。其流行时期主要是从公元前6世纪到公元6世纪这一段。春秋中期到战国时期(公元前6—3世纪),即与格里芬在波斯、中亚和欧亚草原的流行期大致同步而略晚,中国也有很多类似发现,它们是以铜器和铜器纹饰为主,即主要是小件青铜器或青铜器的装饰物。主题,最初是以典型的格里芬即鹰首类最突出(战国以后逐渐衰亡),但带翼鹿(麒麟)、带翼狮和带翼虎也已出现,主要类型都已齐全。它们的风格与西亚等地流行的格里芬在主体特征上是一致的,比后来更有外来特点。①

● 到了近代,随着合理性资本主义的扩张性发展,人类各个群落间的这种交往,也就变得更加常见甚至常态化。比如,英语世界的汉学家卜正民(Timothy Brook)写过一本有趣的书,此书通过对几幅艺术画面的分析,生动地展示了一个逐渐在人类欲望的膨胀下变得狭小起来的物质世界:"在一幅绘画中,一名荷兰军官倾身向前,正对着一名面带笑容的女子。在另一幅画中,一名女子站在窗口,掂量着几枚银币。在第三幅画中,水果从瓷碗中滚出,滑落在一条土耳其地毯上。维梅尔的绘画作品向来以美丽与神秘征服世人:这些描绘精巧的动人时刻背后隐藏着何等奇妙的故事?正如卜正民在《维梅尔的帽子》中向我们展示的那样,尽管这些图画的含义似乎十分私密,但它们实际上为世人打开了通往一个迅速扩张的世界的大门。军官戴的时髦帽子是用海狸毛皮制成的,当时的欧洲探险家从土著美洲人那里用武器换取海狸毛皮。贩卖海狸毛皮的收益则为水手寻找前

---

① 李零:《论中国的有翼神兽》,《中国学术》,第5期。

往中国的新航线之旅提供了资金支持。在中国,欧洲人用秘鲁银矿出产的银子,购买了数以千计的瓷器,瓷器成了这段时期荷兰画作中最亲切的常客。卜正民追溯了迅速成长的全球贸易网络,正是全球化经济的发展,让海狸毛皮、土耳其地毯和中国瓷碗同时出现在台夫特(Delft)的客厅里。"①

●即使如此,在以往那些相对寂静的岁月里,人们还是无法想象,人类各个文明之间的相互交往,竟能变得像现在这样频繁、密切、嘈杂,甚至成了须臾不可稍离的生存手段。到了今天,即使在最平凡的日常起居中,我们也是从早到晚一刻不停地,总是离不开作为整体的"全球场"。——只不过,这种整合却带来了让人爱恨交加的双刃剑。一方面,我们由此好像是更加自由了,从这个疆域到那块疆域,大家可以轻易地飞来飞去,享受到各种文明的发明与特色。可另一方面,正如德国社会学家乌尔里希·贝克在其名著《风险社会》中所说,在地球越变越狭小逼仄的同时,人类生存的空间也被日渐压缩,使大家的心情与感受越来越紧张,因为地球上任何角落的突发事件,都可以即时地传播到我们耳朵里,要求全体人类进行风险共担,从而构成心跳加快和夜里失眠的理由。

◎自20世纪50年代起,无论人们身处地球的何方,彼此之间的联系都比以往任何时候更加密切。全球性的接触(在世界范围的人际关系的意义上来说)比以往任何时候都更加频繁,形式更加多样,发生得更加迅速,影响也更加深远。全球意识已不再局限于学者和精英人士偶尔谈起的话题,而已成为各个国

---

① 卜正民:《维梅尔的帽子:从一幅画看全球贸易的兴起》,刘彬译,"引言",文汇出版社,2010年。

家、各种文化和各个阶级的人民的日常生活经验。且看主要或完全是在20世纪中期以来出现的许多新型的全球联系：因特网、电视、卫星、光纤电缆、航空、全球会议、洲际连锁生产、全球营销策略、电子货币和金融、近海地带、洲际导弹、国际刑警网、全球人权工具、联合国体系、气候变化、同温层臭氧损耗、生物多样性丧失、全球性体育竞赛、"世界纪录"、"世界音乐"以及从外层空间拍摄的地球照片。在此之前的数代人都对这些全球性的事物一无所知或知之甚少。①

● 网上有段广泛流传的俏皮话，虽然话说得有点损，却也不妨说是歪打正着地，从消费或欲望的角度，说明了当代生活的全球化程度："住英国房子，买俄罗斯别墅，用瑞典手机，戴瑞士手表，做泰国按摩，洗土耳其桑拿，雇菲律宾女佣，配以色列保镖，开德国轿车，坐美国飞机，喝法国红酒，吃澳洲海鲜，抽古巴雪茄，穿意大利皮鞋，看巴西足球，观奥地利歌剧，活日本长寿，拿丹麦津贴，领沙特工资，当中国干部！"当然我相信，绝大多数人的生活都不可能这么过分——即使在今后也不可能，因为地球的资源根本就承担不起。不过，随便往周围打量一下，会发现我们日常起居中的全球化程度，其程度也已相当不低。比如，让我们随便放纵一下想象吧：早上起床去一趟卫生间，就可能用到西班牙的洁具、韩国的牙膏和日本的肥皂；再走进书房打开笔记本电脑，也可能正是美国的苹果品牌；在电脑上浏览一则新闻，那可能正是法国总统选举的结果；接着又接到一个电话，就算那不是留学的孩子从新西兰打来的，使用的也可能是芬兰公司的手

---

① 罗兰·罗伯逊、扬·阿特·肖尔特主编：《全球化百科全书》，译林出版社，2011年，第1页。

机;再吃一顿简单的早餐,就很可能吃到奥地利的奶酪、意大利的橄榄油、澳大利亚的燕麦片,餐后,还可能再吃几粒美国的多维、巴西的蜂胶和韩国的人参胶囊;然后开车去上班,开的很可能是德系的车,而车载收音机却来自新加坡,播放着俄罗斯的老歌;到单位后再看看一天的日程,很可能要回复来自日本的电邮、讨论派驻非洲或马来西亚的项目,接待来自丹麦、瑞典或挪威的访客……

●不必接着再往下具体推想了,那会根本没有尽头。如果说,在老舍的名剧《茶馆》里,那位反派人物唐铁嘴的逗笑台词,就已经让他有某种国际化的感觉——"你看,哈德门烟是又长又松,一顿就空出一大块,正好放'白面儿'。大英帝国的烟,日本的'白面儿',两大强国侍候着我一个人,这点福气还小吗?"那么相比起来,大家今天的日常生活,就连说是让八国联军侍候着,恐怕都还嫌不够带劲儿,根本就是被联合国在侍候着!而讽刺的是,这种日常生活的密切国际化,的确很便于让国人去抵制"哪国货物",因为几乎触目就能找到相应的对象;可反过来说,让那些极端人士感到懊恼的是,他们由此也最终"制裁"了本国同胞,因为无论其制造商还是所有者,都跟中国本身脱不开干系。

◎我们来看一个活生生的全球化的例子。全球化的故事可能就藏在一块小小的计算机硬盘(hard disk drive)之中(如果这个计算机是1995年以后买的)。拆开计算机,我们会发现,硬盘可能就是Seagate公司生产的——Seagate是世界上最大的计算机硬盘生产商。这个硬盘有一个部件叫做脑件(head)(读写数据的设备),一般由两道工序制成,一是薄件(wafer)制作,一是称之为HGA(Head-Gimbal Assembly)和HAS(Head-Stack Assembly)的工序。薄件制作是硬盘生产中技术最尖端的工序,

Seagate 公司把它安排在美国和北爱尔兰;HGA 是硬盘生产中最不需要技术、劳动力强度最大的工序,被安排在泰国、马来西亚、菲律宾。脑件中的印刷电路板在泰国制造,而把元件装入印刷电路板则安排在印度、印度尼西亚、马来西亚和新加坡。硬盘还有一个部件叫作媒质元件(media)(信息存储设备),是硬盘生产中技术较为复杂的一部分,最近从美国移到了新加坡。还有一个部件叫作马达(motors)(使媒质元件精确旋转的设备),被安排在泰国制造(也有可能从日本进口,日本的 Nippon Densan 公司占有 75% 的世界市场)。最后一道工序是硬盘组装,要求的技术比较低,安排在马来西亚、菲律宾、新加坡。①

◎时空的客观特性经历了彻底革命的过程,我们不得不改变我们自己阐述世界的方式,有时候需要以十分激进的方式。我使用"压缩"这个词,是因为资本主义的历史特征,主要是由生活节奏的加速来表征,然而如此克服空间障碍,就会使世界有时候看起来是向我们内部崩塌。②

●另一个让人困惑之处在于,尽管"全球化"紧紧包围着我们,而且研究它的专著也是汗牛充栋,但在另一方面,所谓"全球化"这种东西,却又像海市蜃楼般的幻象,让人看得见而抓不住。英国学者斯图尔特指出,"全球化"更像一个口号性的用语:"'全球话语'变得尽人皆知,只不过是最近的事情。几个世纪以前,人们相信地球是圆的之后,就开始用'global'这个词表示'地球'(the planet)。不过,在

---

① 张苏:《经济全球化:良性的规则何以可能?》,《经济学家》,2005 年第 1 期。
② David Harvey, *The Condition of Postmodernity: An Enquiry into the Origins of Cultural Change*, Blackwell, 1990, p. 240.

大众英语说法中,'global'这个形容词除了它原来的'球体的'这个意思之外,直到19世纪90年代才开始表示'全世界的'(OED,1989:VI,582),50年后,'全球化'及'全球主义'等词语出现在一篇发表的论文中(Reiser and Davies,1944:212,219),'全球化'一词第一次出现在词典(美式英语词典)中是在1961年(Webster,1961:965)。"①或许正因为这样,当大家争着去填充这个"能指"的时候,"全球化"一语的实际所指,也就难免言人人殊了。简单说来,各国学者围绕着"全球化"的问题,几乎对每件事都没有共识,对任何侧面都有不同意见,而各方还都既能讲得振振有词,又会争得面红耳赤。正如齐格蒙特·鲍曼(Zygmunt Bauman)曾经指出的:"'全球化'挂在每个人的嘴边;这个风靡一时的字眼如今已迅速成为一个陈词滥调,一句神奇的口头禅,一把意在打开通向现在与未来一切奥秘的钥匙。对某些人而言,'全球化'是幸福的源泉,对另一些人来说,'全球化'是悲惨的祸根。"②

● 比如,轰动一时的《帝国》一书,曾经认为在全球化时代,民族国家的主权已经式微:"通向帝国之路出现在现代帝国主义的衰落之时。与帝国主义相比,帝国不建立权力的中心,不依赖固定的疆界和界限,它是一个无中心、无疆界的统治机器。在其开放的、扩展的边界当中,这一统治机器不断加强对整个全球领域的统合。帝国通过指挥的调节网络管理着混合的身份、富有弹性的等级制和多元的交流。帝国主义的世界地图明显的民族—国家色彩,已经被合并、混

---

① 简·阿特·斯图尔特:《解析全球化》,王艳莉译,吉林人民出版社,2011年,第45页。
② 齐格蒙特·鲍曼:《全球化:人类的后果》,郭国良、徐建华译,"绪论"第1页,商务印书馆,2001年。

合在帝国全球的彩虹中。"①然而另一方面,美国社会科学协会主席克雷格·卡洪,却又在《中国学术》杂志上撰文指出,上世纪90年代盛行的全球化设想,一反在此之前对于认同政治或群体凝聚力的宣传,转而去鼓吹全球社会对于地方问题的人道主义干预,并且盛赞混合、多元和重叠的政治身份。可是在国际学界,却很少有人反过来注意到,当前民族国家间的普遍斗争,倒正是少数几种反抗资本主义全球化的可行方式之一。②

◎内格里和哈特似乎夸大了全球化网络社会的范围(卡斯特也是如此)。政府仍然管制国内贸易,并因在国内使用刺激措施而取得了具体的成果。我们经常把环境问题归咎于全球化,事实上,这是政府政策的后果,比如巴西政府资助伐木公司(Gilpin,2002)。不存在所谓的全球劳动力市场,因为富裕国家对移民有着严格的限制。作为公民,天生就有权利和义务待在国家的领土范围之内,一些国家一直在保持着令人羡慕的福利方案。前世界银行首席经济学家斯蒂格利茨,对其在国际组织见到的伪善的自由贸易提出了尖刻的批评。他说,美国人说自己支持自由贸易,但却反对进口(2002)。换句话说,没有理由相信全球性网络社会无所不在和无所不能。③

●在一方面,《纽约时报》最具影响力的专栏作家托马斯·弗里德曼,撰写了他那本有名的《世界是平的》,在该书中以高超的技巧

---

① 麦克尔·哈特、安东尼奥·耐格里:《帝国》,"序言",第2—3页。全书由杨建国、范一亭译,"序言"由佘江涛译,江苏人民出版社,2008年。
② 参见克雷格·卡洪:《后民族时代来到了吗?》,《中国学术》,第21辑。
③ 托马斯·许兰德·埃里克森:《全球化的关键概念》,周云水等译,译林出版社,2012年,第86—87页。

和乐观的态度,为读者描绘了全球化为世界带来的"平坦化"。——他具体列举了十辆推平世界的推土机,从视窗开启到网景上市,从工作流软件到资源开放,从外包到离岸生产,从供应链到内包,从信息搜寻到轻科技"类固醇",而凡此种种都跟信息与通信技术有关。弗里德曼据此认为,在这个因信息技术而密切互联的世界,由于全球的市场、劳力和产品都可以被普遍共享,就都可能以最高的效率和最低的成本来实现。由此一来,在这种的普遍竞争环境中,一个"平坦化"的世界经济,对于所有的人都将是一件好事;在这个意义上,由信息技术所带来的经济全球化,尤其会使发展中国家从中获益。

●然而,另一方面,任教于哈佛的政治学家斯坦利·霍夫曼却指出,虽然不能否定全球化的好处,却要反对这种靠不住的乐观主义,误以为它已是在势如破竹地、义无反顾地行进。这是因为,第一,这种全球化的倾向既非不可避免的,也非不可抗拒的,它既然源自美国的强大经济影响,也会由于美国的经济危机而退潮。第二,所谓全球化运动还远远没有真正全球化,它所触及的地区还相当有限,还受制于各国的具体条件和边界,还远未达到在市场、服务和生产方面的一体化。第三,超地域和后主权的治理还只是刚刚萌芽,非政府组织的代表性也还相当有限。第四,与此同时,一些超国家治理的组织,又往往反映了少数国家的意志,其领导权往往是被垄断的,其操作往往是不透明的,其裁定也往往是不公平的。第五,实际上,全球化只不过是各种技术手段的总和,而这些手段又可以为各种国家和个人所利用,而由此导致带有各种偏向的行为,与启蒙运动所构想的那个科学、理性的世界,形成了巨大的偏离与落差。①

●由此综合而言,首先,就共同卷入而言,诚如齐格蒙特·鲍曼所说,"对每个人来说,'全球化'是世界不可跳脱的命运,是无法逆转的过程。它也是以同样程度和同样方式影响我们所有人的一个过程。我们所有的人都在被'全球化'——而对被'全球化'的人来说,被'全球化'的意义大体上是相同的。"②其次,在客观事实方面,又如罗兰·罗伯逊所说,"当然,关于全球联系的总体计算是高度概括的,绝不意味着地球上的每一个地方、每一个人都平等地全球化了。相反,不同地方全球化的程度是不同的,尽管全球现象现已在某种程度上影响到每一个地方和每一个人。比如,地球上几乎没有人能够完全逃避全球气候变化的影响。然而,全球事务对一些地理区域和一些社会群体的影响总要大于对另一些区域和群体的影响……简言之,虽然全球联系遍及整个世界,但其覆盖在地理上和社会上却不均衡。"③第三,在主观认识方面,也如斯图尔特所说:"我们对全球化进程的理解范围还很窄,仅限于重要方面。而且,全球化论争的水平通常令人失望。许多讨论的措辞听起来都像是名言警句。许多观点要么过于武断,要么过于泛泛。政治偏见通常对人们有巨大影响,以至于他们只顾发表自己的意见,却不太肯倾听别人的观点。绝大多数论述缺乏审慎、准确、前后一贯的概念。争论的范围狭窄,讨论通常只侧重于某一方面(文化、生态、经济、历史、法律或政治方面),却没

---

① 参见斯坦利·霍夫曼:《全球化的冲突》,刘慧华译,《世界经济与政治》,2003 年第 4 期。
② 齐格蒙特·鲍曼:《全球化:人类的后果》,"绪论"第 1 页。
③ 罗兰·罗伯逊、扬·阿特·肖尔特主编:《全球化百科全书》,"导言"第 2 页。

有把这些内容放在一起讨论。"①

◎应当用什么词语来描述我们将要论证的主题?这个词语当然不是"全球化"。"全球化"这个词语一度用来表示一种市场战略,随后又用来表示一种宏观经济的主题,现在,它似乎囊括了所有的事物,也可以说,它什么都没有囊括……②

●那么,到底怎么来看待这件事呢?我个人认为,这种混乱的知识状况,正说明热闹的全球化其实尚在过程中。正是在这个意义上,恰如大卫·赫尔德等人在《全球大转型》中所指出的,全球化可被精确地定义为:"体现社会关系和贸易在空间组织上的转型(用它们的扩展范围、强度、速度和影响来评价)并产生跨陆、跨地区的流动和活动、相互影响和权力行使网络的一个(或一组)过程。"③而由此才可以想见,一方面,正因为它确是一个过程,所以,最早敏感到此一过程的人,也就基于英语中 global(全球)的这个词根,创造出了 globalization(全球化)这个新词,借以摹状和界定这种趋势。但另一方面,也正因为这还只是个过程,所以,它的发展就没有那么均衡,而且无论是哪种新颖的苗头,都有仍然与之相反的倾向,纷乱复杂地掺杂其间。换句话说,一方面,正因为它确实是一个过程,所以它已给人类知识带来了确定的冲击,甚至可以这么说,像《全球化百科全书》这种图书的编纂,足以说明它已经为以往的知识,重新洗过了一次牌,打了一个结,或升了一次级。但另一方面,也正因为它还只是个过

---

① 简·阿特·斯图尔特:《解析全球化》,第 41 页。
② 奎迈·安东尼·阿皮亚:《世界主义:陌生人世界里的道德规范》,苗华建译,中央编译出版社,2012 年,第 3—4 页。
③ 转引自褚松燕:《评赫尔德等:〈全球大转型:政治、经济和文化〉》,《中国学术》,第 4 辑,2000 年。

程,所以所谓"globalization"一词,其全部意思就应是各种不同义项的叠加,可以同时用来指称"国际化"、"自由化"、"世界化"、"西化"和"超地域化"。

●学者们面对上述纷乱情况,往往会利用排除法来粗取精。然而我的想法却截然不同,因为我本人一向认为,如想摹状一个尚且处在过程中的状态,那么,面对各种解释纷然杂陈的乱局,最好利用同等复杂的思维方式,把围绕某一词语的各种义项进行叠加,乃至在历史的发生过程中,进一步寻绎出各义项间的来龙去脉,以便综合起来、而不是非此即彼地,对它们进行阐释与应用。这种并列语义而寻找脉络的方法,是我以前自行摸索着试用的,过去,我曾用它处理过古汉语中的"天"字,也曾用它处理过现代汉语中的"国学"一词;不过,我到现在都还没给这种方法想好一个名字。但无论如何,关键的区别却明摆在那里:如果别人老是想用严酷的逻辑,去清洗日常语词的混沌用法,我却宁愿以宽大包容的姿态,从这种混乱中看出文化史的脉络来,也看出在语言在实际运用中的潜在理由来。

◎我的这种方法,应当和雷蒙·威廉斯《关键词》的方法不同,因为后者的主旨在于透过概念的关节点,来管窥文化共同体的深度发展;而我则反其道而行之,想要假道于文明的曲折进程,去丰富地把握一个词的综合含义。此外,我的这种方法,应当也和《高级牛津英语词典》的做法不同,因为后者只是在进行简单枚举,而那些被突兀并列出来的各种词义,好像仅仅是在相互证明着对方的荒谬,或者对方的不可思议,却并没有显出文化发展的脉络,哪怕那历程是偶然和曲折的;而我则是反其道而行之,想要从那些并列的荒谬中,看出某种人类文化的逻辑,从而在深度的理解中,把这些义项给贯穿起来。①

●不过所见略同的是,由罗伯逊和肖尔特主编的《全球化百科全书》,看来也运用了类似的方法,他们认为"全球化"这个概念,可以细分为"国际化"、"自由化"、"普遍化"和"星球化",而由于所有上述的四个概念,都指称着对于现有民族—国家框架的超越,它们彼此间就可以重叠与互补。尽管我作为一位中国学者,对他们的这种界定尚持一定的保留,因为他们大概是由于身处西方,就会不太敏感全球化中的"西化"侧面,但无论如何,我却可以赞同他们的基本方法,也即当人们运用"全球化"这个术语的时候,他们有可能就是同时利用了它的多重含义,而又有可能暗中对其中的某一侧面,给予了更多的或者并未自觉到的偏重与强调。正因为这样,当我们倾听有关"全球化"的种种言说时,就应当仔细地辨析其中的微妙区别,进而有时候向其言说者挑明它。

◎当全球化指国际化时,它指涉的是交易的增长和国家间的相互联系。沿着这些路线,"全球的"概念或多或少地等同于"国际的"(国家之间)和"跨国的"(跨越国家)。在这种设想之下,一个全球化的局势牵涉跨越国家界限的不断流动。在这种宽泛的理解中,衡量全球化的是更大规模的国际间(即跨越边界)的物、观念、投资、信息、微生物、金钱、人及污染物的流动。国家间贸易数量、范围和频率的增长也说明一个地区性的时间和条件会日益影响另一地区的状况。因此,在这一研究方法中,全球化强调更大的国家间的相互依赖。

---

① 刘东:《与何恬论学书》。

一个更为具体的国际化观念将全球化界定为自由化。从这一在20世纪90年代的经济学家中十分盛行的视角来看,全球化是指消除对国家间跨边界流动的官方限制的规定。换句话说,在国家权威部门减少或消除贸易障碍、对外交换限制、资本控制、国际广播与计算机网络的通讯阻碍及签证要求等措施时,国际交易就会增长,这样全球化就指"开放的"、"自由的"国际市场的产生。

将全球化看作普遍化的第三种用法描述一个过程,其中越来越多的事物与经验播散给地球所有居住地上的人们。按照这第三种理解,全球指的是"世界范围的"、"所有地方"。例如当代社会正经历电视台、养牛业、艾滋病、现代性、雷格舞、寿司吧等的全球化,因为这些及无数其他传播到人类的现象正在全球范围内分散。将全球化解释为普遍化的观念经常产生的假设是:一个更加全球性的世界在本质上是文化上倾向于同质的世界。这种论述经常将全球化描述为"西方化"、"美国化"和"麦当劳化",而其他的观点将全球化解释为具有多种竞争的普遍化倾向的局势。一些学者以这种方式将全球化的特征描述为"文明的冲突"。

最后在第四种定义中,星球化的概念将全球化描述为在地球这个整体的层面上展露社会关系的一种倾向。在这种方法中,无论居住在哪里,当人们越来越能够彼此直接联系,全球化就产生了。例如,电话和因特网使横穿星球的通讯成为可能;大陆间弹道导弹促成了贯穿星球的军事联系;气候变化包含横穿星球的生态联系;美元和欧元等货币成为全球性的货币;"人权"和"宇宙飞船地球"的话语深化了横跨星球的意识。这些增长与许多其他横跨星球的联系形成了对社会地理学的重组,以便让"社会"既在全球的平台上又在区域性地带、国家范围及地方领域得以存在。这样,随着全球化的发展,星球自身成为一个社会场所,大于领土空间并与之不同。实际上由于星球的社会关系比领土地盘、领土距离和疆界更多地由地方、国家和区域性的框架来定义,一些分析学家把跨星球的全球化与去解域化进程联系在一起。①

● 尽管人们在日常语言中,往往自觉或不自觉地,将上述几重义项叠加并用,然而这并不意味着,这几重定义的重要性,在当今语境中就是自动相等的。按照罗伯逊和肖尔特的说法,"全球化的前两个含义(国际化与自由化)在国家领地间根据社会关系的方式而形成",而"后两种含义则是在全球的范围内形成的"。所以,尽管上述四重定义都涉及对于民族—国家的超越,但"前两种含义仍然将国家单位作为它们主要的参照点",而后两种含义则"将地理上的坐标方格从领土性的框架转向星球的框架"。由此可以想到,尽管前边谈及的多重义项,在把握全球化的时候都是不可偏废的,然而,却唯有"星球化"的这一重义项,才强调了人类横跨星球的空前联系,才构成了某种新型的知识范式。

● 总之,全球化还处在过程中,还处在方生方成中。一方面,无论如何都应看到,正因为该过程已经发展到了某个临界点,显出一种确定不移且又日益加速的趋势,人们对它的认识,才会从西方化、国际化、世界化,转而发展到了普遍化、全球化、甚至星球化,而且还特

---

① 罗兰·罗伯逊、扬·阿特·肖尔特主编:《全球化百科全书》,第304—305页,着重号为引者所加。

别强调后者的"社会—地理"性质。可另一方面，又必须时刻清醒地看到，这种趋势毕竟是人类社会的趋势，要由人类这种主体来历史性地接力完成，所以，它就不会像以往臆想的那样，竟会是"不以人的意志"为转移的。——所以这也就意味着，这个过程能否最终完成，以及到底朝向什么方向完成，除了其他的决定因素之外，还要取决于一代代人类成员的主动选择，其中也可能包括扭转式的转折。

二、全球文化与文化全球

●出于类似的理由，所谓"文化"一词，也同样裹挟了从狭到广的不同义项。而现代汉语中所说的"文化部"，则只是利用了其中最狭窄的一种含义，只是在指称人类精神财富中的一小部分，也即通常所说的"文学艺术"。——由此而有趣的是，它虽然名曰"文化部"，却不能指导作为人类文化的宗教事务，因为那属于宗教局的统辖范围；也不能指导作为人类文化的科学技术，因为那属于科技部的统辖范围；还不能指导作为人类文化的人文学术，因为那属于社科院的统辖范围……也许，这种对于"文化"的理解，就深层学理而言是最靠不住的，不过，它在当今生活中又是最普遍流行的，以致只要不是特别予以说明，人们对于"文化"的理解就总会向它偏斜。——往深里说，要是对这种语言现象进行历史挖掘，其中很可能是渗入了日、俄的影响；不过，如果按照后期维特根斯坦的看法，语言游戏本身的这种随机漂移，却又总是这般将错就错、无可无不可的。

●碰巧的是，这也为我们带来了一点论述方便。因为，我们索性就可以在"文化"最狭窄的含义上，也就是"文学艺术"的含义上，来从头回顾人类对于"全球文化"的憧憬。众所周知，歌德曾在19世纪20年代,率先提出了著名的"世界文学"的概念。他在跟爱克曼的系列谈话中指出,"我相信,一种世界文学正在形成,所有的民族都对此表示欢迎,并且都迈出了令人高兴的步子。在这里德国可以而且应该大有作为,它将在这伟大的聚会中扮演美好的角色"①。这位德国文豪还在另一处说道,"现在,民族文学已经不是十分重要,世界文学的时代已经开始,每个人都必须为加速这一时代而努力"②。回顾起来,尽管"世界文学"这个被歌德突兀提出的"能指",直到现在都还不免显得空泛,但它却也一直都在作为真实的愿景,在激发我们对于"后民族文学"的想象;而且,它也一直都在作为亟待填充的范畴,来等待后人去以具体的、带有确定指向的实践,去赋予它越来越充实的含义。

● 如果说早在歌德的年代,就有人在憧憬着世界文学,或全球文化,那么,到了全球化已成为现实的今天,它自然就更要引申为"文化的全球化",或者"全球化的文化"了。尽管在刚开始的时候,国际流行的现代化理论首先涉及的,还只是一些硬性的或者可以客观衡量的指标,比如收入、财富、教育、职业等等,然而到了美国社会学家罗兰·罗伯逊那里,却把它引向了软性的或者只能主观解释的方面——当然也就是"文化"的方面。罗伯逊认为,全球化问题并不是单纯的经济、政治、社会或国际关系问题,反而首先就表现为文化问题,而这又是因为,作为一个整体的全球领域,首先就表现为一个社会文化系统。而为了把握这样的系统,罗伯逊更建议使用"全球场"(global field)的模型,这个模型又由下述四个参照点所组成,即民族

---

① 歌德:《歌德文集》,第10卷,第409页,范大灿等译,人民文学出版社,1999年。
② 同上。

国家社会、各社会组成的世界体系、自我和全人类。

●这样一来,我们就不能再拘泥于"文化"的最狭语义了。即使不去动用"文化"一词的最广含义,将其视作涉及人类物质与精神财富的总和,和足以帮助人类超出自然与动物界的全部生存方式,而只是在一个较窄的意义上使用,我们也至少要把它视作人类全部精神财富的总和。学术史的基本事实告诉我们,最早是由英国人类学家泰勒1877年在《原始文化》中,率先提出了这种有关"精神文化"的较窄定义,认为它是包含"包括全部的知识、信仰、艺术、法律、道德、法律、风俗以及作为社会成员的人所掌握和接受的任何其他的才能和习惯的复合体"[①]。而根据我国社会学家苏国勋的解说,"在这个界定中,文化被视为一个多层次、多面向的复合体。概括说来,它可包括知识、信仰一类的思想信念(beliefs);艺术、法律(文本)一类的表意符号(symbols);和习俗、道德一类的规范(norms)"[②]。

◎文化在狭义上指人们赋予生活意义的方式。具体地讲,它包括人类相互学习的许多种符号,其中有社群共有的知识、口味和价值观。因此,全球化也必然涉及到文化。当人们在地区之间迁移,与遥远的合作伙伴进行贸易,或者同来自远方的他者进行交流时,信息和观念也随之流动。至少全球化包括一些文化传播……文化全球化在体育、商业、宗教、语言以及饮食等领域以多种形式呈现出来。比方说,19世纪起源于英国的足球运动在全世界流行开来,成为典型的最受人们喜爱的全球性运动

---

① 泰勒:《原始文化》,连树声译,第1页,上海文艺出版社,1992年。
② 苏国勋、张旅平、夏光等:《全球化:文化冲突与共生》,社会科学文献出版社,2006年,第3页。

和比赛,而且也是专业竞赛的一个目标。这种普及需要在参与运动时以及在组织国际比赛中传播共同遵守的规则。受到共同愿望和价值观念的约束,运动员和球迷们开始意识到参加全球活动的必要性,而世界杯这类赛事则加强了这种意识……①

● 除了"全球场"这样的概念,加拿大的传播学家麦克卢汉,又在他的名作《理解媒介》一书中,提出了"地球村"(global village)的概念,这同样有助于我们去理解"文化"的全球化。不难想象,麦克卢汉利用的"村落"之喻,当然是在借用以往乡村生活的场景,那里曾是人类相互熟悉、亲密交流、彼此介入的场所。在这位乐观的传播学家看来,如果现代迅捷交通的发明,曾使得地球的空间逐渐变小,也曾使得直接的口语交往变得可能,那么,当代电子媒介的发明,则又使人们反而回到了间接文字交往,甚至干脆使得时空区别变得多余,因为人们无论居住在地球上的什么地方,都能共享到具有普世性的信息,由此供我们居住的这个星球,整个就融成了以往那种融洽的村落。②

● 不过,正如全球化的其他方面一样,实则这个"地球村"的形势也未必一片光明。早在十五年前,我本人就曾经撰文指出,一方面,在这个网上高速公路的时代,也许人际的距离将会空前缩短,因为他们势必要展开跨度更大和频率更高的对话,从而有更多的机会去交流意见与情感;但另一方面,必须警惕的是,真正的沟通反而有可能比过去更加困难,因为以前习惯于聚居生活的人们,现在反倒会更加有恃无恐,放心大胆地去离群索居,不在乎是否有缘当面恳谈,

---

① 罗兰·罗伯逊、扬·阿特·肖尔特主编:《全球化百科全书》,第145—146页。
② 参见麦克卢汉:《理解媒介:论人的延伸》,何道宽译,商务印书馆,2000年。

而他们表面上赖以交往的网络,不过是把人际对话中的"我—你关系",偷换成了人机对话中的"我—他关系"而已。①

●全球化这枚"硬币"的两面,还可以从另一维度中看出。从积极的侧面来看,正如两位法国学者写到的,"具有各种自发的电子讨论形式(以虚拟群体、聊天和博客的形式)的全球公共空间有一种生机勃勃的民主性质。会话艺术有一种新的相关性,也为扩散到社会各个角落的观念、信息和意象提供新语境的对话建构形成新的相关性"②。毋庸讳言,这正是我们每天都在重复看到的、最令当今的社会管理者们忧心忡忡的情景。正因为电子传播的虚拟化、大众化和迅捷化,也就导致了对于社会透明度的更高要求。而事实上,由此带来的民主化要求,并不只是特定地针对哪种国家,从阿拉伯世界的"茉莉花革命",到伦敦街头的突发暴乱,其背后都有网络信息快速流通的成因。

> ◎多亏有了电视,全世界一夜之间发现有个叫做卢旺达的国家,那里的人民正在遭受难以置信的痛苦;多亏有了电视,它使我们有可能向那些受苦的人提供至少一点儿帮助;多亏有了电视,全世界在数秒之内就被发生于俄克拉何玛城的大爆炸所震惊,同时明白,那是对所有人的一次重大警告;多亏有了电视,全世界都知道有一个获得国际承认的波斯尼亚—黑塞哥维那的国家,并知道从世界承认这个国家的那一刻开始,国际社会就在徒劳地试图按照一些从未被任何人承认为任何人的合法代表的

---

① 参阅刘东:《应对网络社会的挑战》,见《浮世绘》,第219页,辽宁教育出版社,1996年。
② 罗兰·罗伯逊、扬·阿特·肖尔特主编:《全球化百科全书》,第316页。

军阀们的意愿,将这个国家分裂成一些奇形怪状的小国。

这是当今大众传播,或者说,那些采集新闻的人的神奇的一面。人类感谢那些勇敢的记者,他们甘愿冒着生命危险去那些有悲剧发生的地方,以唤醒世界的良心。①

◎我们最清晰的调查结果之一是,巴西电视启蒙了对社会问题、尤其是关于性和性别角色的自由主义观念。更爱看电视的观众观念更自由,其程度令人惊讶——在诸如家庭是否是女人的归属;如果丈夫收入丰厚,妻子是否应该工作;怀孕时是否应该工作;是否应该离开她们不再爱的丈夫,去酒吧追寻她们喜欢的男人;男人是否应该做饭、洗衣服;父母是否该和他们的孩子们谈论性,这些问题上的选择不似传统……我们发现,自由主义社会观点和当前收看电视的小时数之间有着显著联系。②

●不过,又如我十五年前也已说过的,互联网这种"反权力"和"民主化"的特征,也并不是压倒性的或本质性的,无论对于个人还是对于国家。一方面,就单个个人的遭遇而言,正因为网络的这种"民主化"性质,反而会刺激得当局大生戒心,由此社会控制有时反倒会更加严密,因为后者显然有更大的权威和资源,能够无形地散播(或过滤)对于正统意识形态有益(或无益)的信息,从而使人们更易受到官方话语的疏导和包围。另一方面,就国家政权的遭遇而言,也正因为互联网的这种"全能化"性质,各国之间反而有可能贫者愈贫,因为能从网上轻易获得的,总是不再需要加密的过时信息,甚至

---

① 哈维尔:《在美国哈佛大学的演讲》。
② 康拉德・科塔克:《远逝的天堂:一个巴西小社区的全球化》,张经纬等译,北京大学出版社,2012年,第208—209页。

是故意制造出来混淆视听的信息,所以,如果受其误导而亦步亦趋,就只会让发展中国家永远处于"发展中"。

◎电视也有其不那么神奇的另一面,即它仅仅陶醉于世界的各种恐怖事件中,或无可饶恕地使这些恐怖事件变成老生常谈,或迫使政治家首先变成电视明星。但是哪里有谁白纸黑字地写明,某个人在电视上表现出色,就意味着他政绩骄人?我不能不震惊于电视导演和编辑怎么摆布我,震惊于我的公众形象怎样更多地依赖于他们而不是依赖于我自己;震惊于在电视上得体地微笑或选择一条合适的领带是多么重要;震惊于电视怎样强迫我以调侃、口号或恰到好处的尖刻,来尽量贫乏地表达我的思想;震惊于我的电视形象可以多么轻易地被弄得与我的真人似乎风马牛不相及。我对此感到震惊,同时担忧它不会有什么用处。我认识一些只懂得以电视摄影机的方式来看自己的政治家。电视就是这样剥夺他们的个性,使他们变成有点像他们以前的自己所制造的电视影子。我有时候甚至怀疑他们睡觉的姿态是不是也像电视里那样像模像样。①

●由此可知,并非跟与歌德当年的憧憬完全合拍,当"文化全球化"真正到来的时候,它带给我们的印象也绝不是一片光明。相反,从葛兰西到法侬,从赫伯特·席勒到萨义德,都展开了对于"文化帝国主义"的批判。那么,什么是这种"文化上"的"帝国主义"呢?看来看去,还是一位叫做苏利文的西方学者说得干脆明快:"指的是来自发达国家、包含着与支配者利益相关的文化价值或观点的商品、时

---

① 哈维尔:《在美国哈佛大学的演讲》。

尚或生活方式等流向发展中国家市场,创造出某些特定的需求或消费形态,而发展中国家的民族文化在不同程度上受到外国(主要是西方)文化的侵害、取代或挑战,受支配程度越来越高的状况。"[1]

◎当全球化这个字眼首次被使用时,是在20世纪80年代左右。对某些人来说,它只不过是描述文化帝国主义发展和扩张的一种新方式罢了。然而,在经过更多的仔细分析之后,人们发现事实并非如此。全球化是一个比较复杂的、多角度的、具有深层文化因素的现象。文化帝国主义的概念仍然与文化层面的全球化概念紧紧地联系在一起。文化帝国主义的主要意思很简单,但在表面上有一种压迫感。庞大的、占主导地位的、在经济上发达的强势文化常趋向于以一种殖民的方式推广和散布它们的文化产品、习俗以及价值观,最终造成了对较小的、经济上较弱和处于弱势的文化的压制。[2]

●正如前面所述,围绕着"全球化"这个复杂的对象,无论从哪个侧面看去,都能得到截然不同的看法。比如,又有一位来自美国的大学教授,表现为"全球化"的有力申辩者:"美国是一个移民国家,移民在每年的劳动力增加中占有很高的比例。多种族共存被人们广为接受,近年来多重文化也自然形成。我在哥伦比亚大学的课堂上,很难发现一个真正的'本土'美国人,即一个从出生就是美国居民的学生;大学教师也来自于全世界各个国家。这促使了美国对各种文化的开放。印度的音乐、中国的针灸以及许多其他文化,在美国的万花筒般的氛围中自得其乐。这些文化进口组合在一起,构成了美国

---

[1] 转引自郭庆光:《传播学教程》,中国人民大学出版社,1999年,第253页。
[2] 罗兰·罗伯逊、扬·阿特·肖尔特主编:《全球化百科全书》,第149页。

不断扩张的组合文化。但美国并不把这些文化视为是一种威胁。"①

●也不光是上面这位来自第一世界的学者,来自拉丁美洲的小说名家马里奥·巴尔加斯·略萨(Mario Vargas Llosa),同样旗帜鲜明地为全球化提供了辩护。一方面,他的确不无悲伤地回顾说:"我们将要生活的新世纪比起20世纪来说可能更少独特性,也更少本土色彩。过去曾经赋予人类各民族和种族多样性的节日、服饰、习俗、仪式、典礼、信仰正在趋于消失,或者被局限在很少地方,而很多社会则抛弃了这些东西,采用了其他更适应于我们的生活的时代的东西。"②然而另一方面,他却又较为乐观地展望说:"与此同时,它也提供了种种机遇,使一个社会向型构为一个整体迈出重要的一步。正因为此,当人们拥有可以自由选择的机会的时候,有时会毫不迟疑地选择他们的领导人和知识分子中的传统主义者正好反对的东西,即选择现代化。"③

◎民族文化经常是用血与火铸就的,禁止教授和出版一切方言,也禁止遵循一切与民族国家视为理想的宗教、习俗有所不同的宗教习俗。世界上很多民族国家就是通过这种途径,强制性地把一种主流文化强加于本土文化,本土文化受到压制,从而无法公开地表现出来。而与那些担心全球化的人们的警告相反,全球化并不容易彻底地消灭文化,一种文化,只要它的背后有丰富的传统和足够的人们哪怕是秘密地遵行,那么这种文化即使很小,也不可能被消灭。今天正是由于民族国家的弱化,我

---

① 贾格迪什·巴格沃蒂:《捍卫全球化》,海闻、杨湘玉、于扬杰译,中国人民大学出版社,2008年,第221页。
② 巴尔加斯·略萨:《全球化:文化的解放》,秋风译,《天涯》,2003年第2期。
③ 同上。

们正在看到那些曾经被遗忘的、边缘化、曾经被迫沉默的地方文化又复苏了,在这个全球化的星球上壮阔的交响乐中表现出了富有活力的生命迹象。①

●此外,在上述两种极端观点之间,又存在着较为折中的、希望找到平衡的看法。比如,泰勒·考恩在《创造性破坏》中,就提出了所谓"多样性的悖论"。作者一方面承认,当代世界的气质非常有利于多样化的发展,为抽象艺术、流行音乐、爵士乐、当代古典音乐、电影、诗歌、建筑等等,提供了广泛的舞台。但另一方面,作者也看到了某种吊诡的悖论,即在一个特定社会不断增加的选择菜单,反有可能限制整个世界的选择菜单,由此随着商业主义的渐次传播,远离西方经验的社会反会越来越少。针对这一点,作者辩证地写道:"可能存在反直觉的'多样性的悖论':如果众多社会拒绝多样性,作为整体的世界也许会变得更为多样化。他们的文化局外人身份能够促使他们不断出产具有高度独特性的作品。多样性的悖论可用于某些但并非所有的社会变化……然而,当这个悖论成立的时候,过多的跨文化接触就会造成全球选择菜单的萎缩。"②

●正因为看到了它的利弊两面,尽管考恩承认全球化的破坏作用,但他又提出了另一个积极的命题,即所谓的"创造性破坏"。在这位作者看来,尽管它带来了传统文化的损失,然而这种跨文化的交流,却并不是什么致命的东西,倒是世界文化发展的常态,所以反有可能成为大发展的契机:"从长时段的角度最可看出同质化与异质

---

① 巴尔加斯·略萨:《全球化:文化的解放》,秋风译,《天涯》,2003年第2期。
② 泰勒·考恩:《创造性破坏:全球化与文化多样性》,王志毅译,上海人民出版社,2007年,第155页。

化的共同变化。自人类发展伊始,就已经出现了各种各样的音乐和艺术。在这个过程中,不断扩大的市场交易规模支持而非束缚了创造性成就的日益多样性。……认为全球化破坏了文化多样性,这一说法其实预设了一个集体主义的多样性概念。它是在对一个社会与另一个社会、或一个国家与另一个国家进行比较,而不是比较一个人与另一个人。它还预设了多样性一定是以不同地理空间的文化差异形式出现的,而且肉眼应该能观察到这种差异。"①

●很可能,上述那类的乐观看法还是太过黑格尔主义了,因为我们如今已不敢指望,还能有一位造物主(或者"宇宙精神")能像奶妈那样,既有耐心去同时倾听六十多亿个孩子的不同哭诉,又有能力去无微不至地护佑和监督他们。不过,至少在一个问题上,我们还是可以同意考恩的看法,那就是必须敞开发展的路径,敞开历史的可能,敞开主体的选择,而不要把全球化的未来给看死了。在这个意义上,不管传统文化命当如何,眼下也都不要看死了它,不要把它当作气息奄奄的、只配受到保护和进行展览的熊猫,而要让它跟生猛的当代文化去厮混,去摸爬滚打,以获得跟世界并长争高的生命力,否则,这种文化便从一开始就已死亡了。约翰·诺尔贝格曾在他的《为全球化申辩》一书中,引用过人类学家艾里克森的一段话:"一旦政府成为民众的文化认同的保护者,文化就会受到限制,会用官僚的僵硬的官腔固定下来。它就不再是活生生的、动态的、可以变化的、发展的,而会成为一个包裹,成为一个拼好了的七巧板,不能从中间拿走任何一块,否则就会变样。"②此中的道理,很适于用来反思我们的"国宝",

---

① 泰勒·考恩:《创造性破坏:全球化与文化多样性》,王志毅译,第140—141页。
② 约翰·诺尔贝格:《为全球化申辩》,姚中秋、陈海威译,社会科学文献出版社,2008年,第243页。

从京戏、胡同一直到熊猫;同样地,这段话也很适合日本人用来反思他们的"国宝",从能剧、和服一直到相扑。

◎文化的变化,其实没有什么新东西,不过就是彼此碰撞,互相影响而已。文化一直就是这样变化的。文化意味着培育,变化和更新是其内在的组成部分。假如我们试图将文化模式凝固在某一时间,将其视为独特的美国或泰国或法国或瑞典或巴西或尼日利亚的,它们也就不再是文化了。它们就不再是我们生活的活生生的组成部分,相反,将成为博物馆里的收藏品和民俗。博物馆并没有什么错,它们是消磨一个下午的好地方,但我们不可能生活在那里。①

◎在新兴的后民族秩序中,美国可以有一个特别的位置,而且无需依赖孤立主义或全球霸权作为其可能的基础。合众国非常适合成为一种文化实验室和自由贸易区,为这一围绕流离多样性组织起来的世界生产、交流、进口和试验各种素材。在某种意义上来说,此类实验已经在进行了。在世界其他地方的眼里,合众国已经成为一个巨大的、令人眼花缭乱的旧货甩卖场。它为日本人提供高尔夫假期和房地产;为欧洲和印度提供商业管理的意识形态和技术;为巴西和中东提供肥皂剧灵感;为南斯拉夫提供首相;为波兰、俄国和任何敢试的国家提供供给学派经济学(supply-side economics);为韩国提供基督教基要主义;为香港提供后现代风格的建筑。②

---

① 约翰·诺尔贝格:《为全球化申辩》,姚中秋、陈海威译,社会科学文献出版社,2008年,第243页。
② 阿尔君·阿帕杜莱:《消散的现代性:全球化的文化维度》,刘冉译,上海三联书店,2012年,第231页。

● 只有在活生生的、彼此渗透的文化对接中,才有可能在杂糅和嫁接的基础上,产生出作为"文化间性"的新型文化,从而引领人们走出当前的困境。我个人一向坚定地认为,如果从短时段来看,文化间的交流与对话,从来都不会绝对平衡与均等,甚至还会表现为"血与火"的话,那么,如果从长时段来看,这种跨文化的交流与对话,却并不必然表现为压制与灭绝,反而有可能表现为融合与跃升。这当然也是因为,那些熬不过长时段的文明,早就在"血与火"中淘汰掉了。所以,我们只有咬牙熬过眼前,并且在世界的风雨中与时俱进,才有可能去巴望"必有后福"。

◎ "第三文化"这一概念大致包含这样几层意思:第一,全球文化是一些以具体文化流动(人员、技术、资金、媒介形象和意识形态)为处所的跨国际文化,不是不着边际的霸权"文化形态";第二,全球文化处在"整合"和"差异"这两种不同驱动力相互作用之下,并不是单一地同化;第三,跨国际文化并不只涉及世界少数几个主要文化,而是涉及世界上一切文化;第四,第一和第三世界之间的文化关系只是第三文化的一种形式,全球文化研究需要突破仅囿于此一种形式的局限。①

---

① 徐贲:《第三文化》,《读书》,1998年第5期。

全球化视角下的古代中国
——古代中国与其他文明古国及周边世界的交流和互动

刘迎胜

一、史前时代的东方与西方

(一) 相对封闭的东亚大陆
——古代中国文明发展的人文地理条件

1. 东亚大陆与其他文明中心地理条件比较

欲了解中国在世界历史中的地位,就要先了解中国以外的其他文明中心。全世界公认人类文明有四大起源中心,即尼罗河下游地区古埃及文明、美索不达米亚古两河流域文明、古代印度河中游(位于今巴基斯坦)文明及古代中国文明,其中三个分布于北非、近东与南亚北部,只有古代中国文明位于东亚。

除了中国文明以外的其他三个文明生长发展的地域,与东亚大陆相比较,其相似点是均处于水量充沛的河流两侧,宜于发展原始农业,原始人类以较少的投入便能获得最低限度的赖以为生的生活资料。其优于东亚大陆之处是气候炎热,没有严冬,对于原始人类而言生存代价较低。上述尼罗河下游、两河流域与印度河中游的周边均为大片缺水的荒漠,使得这些文明中心所处地区呈现绿洲农业文明的景象,其人口与经济规模均远小于东亚大陆。

除了文明自身发展的内在动力以外,文明间的相互交流,是经济文化发展必不可少的条件之一。位于尼罗河下游的古埃及文明与两河流域的古巴比伦文明相距较近,两者自古便有一定的联系。印度河流域的哈拉帕文化与西亚也相距不远,古人可循海道往来于波斯湾与印度河口之间,考古发现证明古印度河文明与西亚古文明之间亦有往来。而作为东亚古文明的起源地中国黄河、长江流域,从大尺度地理看,远离其他三个文明起源中心,从中国前往世界其他文明中心需要经过漫长的海路或陆路。这就意味着,东亚文明从地理位置看,相对于其他三处文明中心而言,处于较为封闭的位置。这样以黄河、长江流域为中心的中代中原文明的交往对象,主要是其周边的地区。

2. 上古时代的中国及其周边

1) 海陆地理状况

打开地图看一下就可以发现,中国所在的东亚大陆虽然面向西太平洋。但是中国海岸并非直接联系着西太平洋的浩瀚大海,换而言之,东亚大陆所面对的并不是一望无际的大洋,而是西太平洋的几个边缘海:鄂霍次克海、日本海、黄海、东海与南海,而这些边缘海以东,则是一连串岛屿,即今之所谓"第一岛链",它们大致与东亚大陆的海岸线相向平行排列。若从北向南数分别为:千岛群岛,日本列岛,即北海道、本州、四国和九州这四个岛,下面是琉球,即冲绳,再下面是台湾、吕宋列岛,即菲律宾和巴拉望群岛。这些岛屿面积与东亚大陆相差悬殊,其宜农区域与资源均十分有限,西太平洋岛弧以东是浩瀚无际的太平洋,在造船与航海业尚未发达起来的上古时代,各岛之间及各岛与东亚大陆之间互相往来极为不便,不利于人员往来、物质文化的交流与知识的传播,因而不足以支撑其独立发展成有世界影响的文明起源中心。

中国古代文明所处的东亚大陆,其北部远离海洋,西太平洋带来暖湿气流的东南季风影响不到这里,自然降水量少,气候干旱;且因纬度高,严冬漫长,是草原、荒漠与森林相间之地,其最具代表性的地域是地处东北大兴安岭与西北阿勒泰山之间的蒙古高原,即俗称之"大漠南北"。由于地理条件不适于发展早期农业文明。这里的居民以畜牧为业,发明了建造流动居所——庐帐的技术,驯化了牛、羊、驼等食草动物,逐水草而居,以畜牧为生,兼营渔猎。流动的生活不利于发展技艺复杂的手工业。

以黄河、长江中下游地区为中心的东亚大陆,四季分明,降水充沛的宜农的自然环境,宜于发展农业,使其上古居民能够以较少的人力投入而获得较多的产出,土地承载能力不但远高于与之相邻的北部荒漠草原地区,同时也因为其面积比尼罗河下游、两河流域与印度河中游的总和还要大,因此其人口繁衍的速率远高于上述其他三个古代文明起源中心,形成规模巨大的人口—经济复合体。这个以农耕业为基础发展起来的巨大的人口—经济复合体——古代中国文明,是整个东亚经济与文化的中心。在东亚历史、文化发展的长河中,数千年以来它长期扮演着火车头的作用。

东亚大陆的西部古称"西域"。提到西域,许多人会联想到"丝绸之路"。与"西域"和"丝绸之路"有密切关系的是所谓"内陆亚洲"(Inner Asia)、"内陆欧亚"(Eurasia)与"欧亚草原"(Eurasian Steppes)的地理概念,这三个概念既互相重合,也互有区别。

"内陆亚洲"指亚洲大陆内部远离海洋的地区,位于东亚以西、北亚以南、西亚以东,南亚以北,与"亚洲腹地"和中亚的概念相去不远,大致包括前述之大漠南北(今我国内蒙古与蒙古国)、我国新疆及其周边地区(我国的宁、甘、青、藏,及今独联体中亚、阿富汗及巴基斯坦西北等地)。

"内陆欧亚"指欧、亚两大洲的相接地带,包括蒙古国西部、新疆西部、独联体中亚、咸海、里海及高加索山南北地带。而"欧亚草原"的概念则小于"内陆欧亚",主要指蒙古高原、我国天山以北草原、哈萨克斯坦、吉尔吉斯斯坦及中西伯利亚与西西伯利亚的草原地带及东欧的东部,可以大致说东起大兴安岭,西抵伏尔加河、顿河流域。从东亚前往地中海地区的陆上通道,便经过这些地区。

而中国古代文明所处的东亚大陆的中西部,是沙漠—绿洲区与高原(青藏高原)区,也是中国文明与印度文明的自然分割区。这里因自然条件差,交通不便,自古人烟稀少。

东亚大陆的南部,即华南至东南亚的邻接区,为山岭众多的地带,与黄河、长江下游地区相比,其陆路交通相对不便。

东南亚大陆以南的海中散布着数以千计的岛屿——今印尼诸岛。在航海业尚未发达的远古时代,互相往来也不方便。

与东亚隔海相望的西太平洋岛弧大致南北向排列,和东亚大陆的海岸线基本平行。西太平洋岛弧与东亚大陆之间为一片狭窄的南北向海域,中国古代的水手从中国东南沿海的港口启程,只要知道北极星在什么地方,在航行中就不会有太大的危险:如果遭遇到风暴或发生不测事件,向东航行,可能会漂到这一连串岛屿中间的一个,向西可能漂到中国大陆沿海,向北行可达朝鲜,越过对马海峡则为日本,向南就可进入东南亚。

所以说，东亚大陆虽然从地图上看，与欧洲与非洲相连，但其间的交往在交通未发达起来的上古时代并不方便。东亚古代文明的代表——起源于黄河、长江流域的中华文明，从大尺度地理看，不但远离其他三个地处北非、西亚与南亚北部的文明起源中心，其本身亦因为周围海洋、荒漠、高原与山岭的包围，而处于相对而言较为封闭的位置。因此独立发展起来的东亚文明，相对于其他三个文明中心而言，有很大的独特性。

2) 内陆亚洲与欧亚通道周边的上古居民

自古以来，处于东亚大陆以西内陆欧亚就不是一个单一的文化范畴。就生产、生活方式而言，其北部，即欧亚草原，主要是游牧、狩猎和半游牧区，其南部主要是内陆沙漠绿洲区。其间，扮演主要角色的是绿洲定居农耕民族与各种游牧部族。如同我国中原汉地与大漠南北的游牧民族之间的关系一样，自古以来，欧亚草原的游牧民和绿洲农耕民之间充满着和战相续的故事。亚洲大陆北方的草原牧民与南方的平原与绿洲农耕民之间是一种既相互对立又相互依存的关系。农耕相对稳定的收成，有利于定居民族发展手工业和高度复杂的社会组织。牧业生产要求牧民不停地转换草场，使牧民的生活更具流动性。牧区是南方以农立国诸民族的军事力量的主要组成部分——战马，及御冬的皮毛、肉类的主要来源地，而定居民生产的谷物、金属制品与药物则是游牧民度荒过冬、居家实用与治疗疾病的必需品。游牧民与定居民之间互相对立而又依存的关系的基础，是久已存在的草原的畜产品和农耕区的农产品、手工业品之间的交换关系。这种交换关系在战争时期表现为胜利者对失败者的掠夺，在和平时代则为贸易和通商。

内陆沙漠的边缘和其中存在着许多大小不一的绿洲。与中国东部的黄河、长江中下游地区的大规模农耕区不同,绿洲的面积很小。大一些的绿洲纵横一两百公里,小的绿洲不超过视力所及范围。由于绿洲的面积与人口有限,故其经济规模一般都不大。通常古代的一块绿洲之内无法生产当地人口所需的一切,因此绿洲居民自古便有远行贸易的传统。相邻的绿洲之间的距离多少不等,少则当日可达,多则须费十余日。内陆亚洲如珍珠般分布的绿洲是长途远行者天然的中继站。

内陆亚洲北部游牧民的流动性,与绿洲居民的经商传统,使他们拥有较东亚大陆东部的农耕民更多的远方民族的信息。游牧民驯化的牲畜,如马匹与骆驼,是东西交往的主要交通工具。而绿洲居民的远行经商传统,则成为丝绸之路赖以存在的基础。因此几乎所有有关丝绸之路的研究都离不开绿洲居民与游牧民族。

游牧民与绿洲居民的流动性,使内陆亚洲的居民多元化。从语言和种族上看,上古时代的内陆欧亚的北部,从东到西主要分布着操满—通古斯语(Manchu-Tunguz)、蒙古语(Mongolian)、突厥语(Turkic)、萨莫耶语(Samoyed)、芬—乌戈尔语(Finno-Ugar)和印欧语(Indo-European)等民族,南部绿洲农耕区从东到西分布着操汉—藏语(Sino-Tibetan)、达罗毗陀语(Dravida)、印欧语的民族。进入有文字记载的历史时代,从史料和文献的角度而言,这一地区的居民使用过包括突厥(包括畏兀儿文[Uygur]、察合台文[Chaghatai Turkish]等)、藏、梵(Sanskrit)和佉卢(Kharosti)、中古伊朗语(Medieval Iranian)的各种文字(粟特[Sogd]、花剌子模[Khwarezm]、和田塞语[Khotanese Saka]等,以及希腊(Greek)、拉丁(Latin)、波斯(Persian)和阿拉伯文(Arabic)等。因此对内陆亚洲地区居民的种族与语言文字文献研究,是丝绸之路研究的重要内容。

(二) 考察史前东西方联系的方法

史前时代指人类历史上文字出现以前的时代。人类发明文字不过才数千年,而没有文字的历史时期,要远远长于有文字以来的时代。要了解中国与世界的关系,我们不但要关注当代,也要关注中国和周边地区民族形成的过程及其交往的历史。

我们中国不但在数千年之前就发明了文字,而且有极为优良的史学传统。在先秦时代,史官是世代相传的职业。我们从司马迁开始,就开启了不但编修本国历史,也编修周边民族与邻国、邻族历史的传统。从国家层面讲,帝王有实录,有起居注;政府有典有志,有档案。不但国家注意修史,地方以至家族也讲究修史,所以我国还有方志、家传家谱,士大夫文人还有诗文集,此外,国人还有铸造铭文、勒石立碑的传统。因此,我们中华民族是一个历史文献极为丰富的民族。因此,讲起历史,国人很习惯于探究历史文献。

那么,如何了解创制文字以前的历史呢? 从总体上讲,当代学者考察史前时代人类历史主要使用以下几种方法,即往往从以下几个视角切入:体质人类学、语言学与考古学。

1. 种族的形成与分布——体质人类学视角

今天我们若到欧美、非洲,第一感觉就是大多数当地人与我们长相有很大的不同。即使到东南亚,我们也能发现,当地人与大多数中国人有明显差异。其实人类很早就发现自身有不同的种族,用今天的话讲就是有不同的人种。

过去殖民主义者曾经依据人类肤色的不同,来划分种族的等级。今天我们知道,尽管世界各大洲的人形态与体质相差很大,但他们都属于同一个生物物种,即智人(学名 Home Sapiens)。那么,既然所有的人类都属于同一个物种,又怎么会形成不同的种族或人种呢?人类学家告诉我们,人种(race),即种族是指那些具有不同于其他人群的某些共同遗传体质特征的人群。这些共同的遗传体质特征是在一定的地域内,在漫长的历史过程中逐渐形成的,是人类对自然环境长期适应的结果。人种总在某种程度上与人类的自然地理分布(通常指公元1600年以前)有关。①

1)利用考古发现的古人类遗骸——学科基础:人种学

近代以来,随着西方殖民者的势力扩及全球,西方人文科学中产生了一个分支——人类学,或叫人种学,专门从生物学的角度研究人类的科学逐渐形成的。中华民族是在漫长的历史发展历程中,以华夏先民为骨干,融合了许多不同的民族形成的。而史前与先秦时代的中国大地上,除了华夏先民之外,还居住着东夷、三苗、百越、氐羌、戎狄等部落集团。欲了解这些具有不同名称部落与民族,就要对人类学家对人种的分类有一定的了解。

人类学家对散居世界各地的人种的分类大致如下:②

(1)澳大利亚—尼格罗人种/黑色人种

① 分布范围(15世纪以前):撒哈拉以南非洲、南亚次大陆南部、澳洲、东南亚某些岛屿、南太平洋岛屿。

② 体质特征:

A.肤色:暗黑、黑褐或褐黄

B.眼:眼裂大

---

① 朱泓主编:《体质人类学》,高等教育出版社,2004年,第319页。
② 以下部分参考了:张实:《体质人类学》,云南大学出版社,2003年;朱泓主编:《体质人类学》,高等教育出版社,2004年;史蒂夫·奥尔森:《人类基因的历史地图》,霍达文译,三联书店,2006年。

C. 鼻:鼻根低,鼻宽,鼻孔横径大于纵径

   B. 嘴:唇厚,前突

   D. 脸:面窄

   E. 毛发:波发或卷发

(2)蒙古人种(黄种)蒙古人种(Mongoloid)/黄种人

① 分布范围:东亚、东南亚、中亚、北亚、美洲

② 体质特征:

   A. 肤色:基础色为黄色(由浅到深)

   B. 毛发:色黑,直,须少

   C. 脸:扁平、宽大,颧骨突出,颧骨上颌骨下缘处明显转折

   D. 眼:眼裂狭窄(眼睛显得细长),眼外角高于眼内角

   E. 鼻:鼻宽中等、鼻根较矮

   F. 嘴:唇厚

③ 东亚大陆蒙古人种内部的体质差异[①]

	北部	南部
头发:	较粗硬,少见波发	较黑而细软,两广和福建波发多见
眼:	丹凤眼(眼裂较狭长、眼睑单层)较多,"蒙古褶"多见 眼位较高	30%为"马来眼"(眼大而圆、眼窝深、眼睑单层),"蒙古褶"少见 眼位较低
鼻:	鼻梁直,鼻型较窄长	鼻梁较宽直,鼻型短而宽
脸:	较宽阔,起伏小	颜面较窄,起伏大,五角形较多见
唇:	较直立,厚唇比例低	唇厚
肤:	较浅	较深

---

① 张实:《体质人类学》,云南大学出版社,2003年,第217—218页。

身长：较高　　　　　　　　较矮

(3) 欧罗巴人种(Europoid)/高加索人种/白种：

① 分布范围(15 世纪以前)：欧洲、西亚、次大陆北部、中亚及北非

② 体质特征：

 A. 肤色：区别很大

 B. 发：直发或波发，体毛发达，发色多样

 C. 嘴：唇薄

 D. 鼻：鼻根高，鼻窄，鼻形前突，鼻孔纵径大于横径

 E. 眼：眼窝下陷，眼裂大

 F. 脸：颧骨不突出，脸形长

③ 过渡人种：

 A. 维吾尔族的体质基础是北方蒙古人种，但混有高加索人种成分。有学者估计其蒙古人种血缘成分约占 70% 左右。①

 B. 虾夷人/阿伊奴人(Ainu)/千岛人种

阿伊奴人是日本列岛的原居民，我国唐代史籍已有记载，称"虾夷"。杜佑的《通典》在记载我国东北的夫余人之后，有一段文字专门描述这个民族：

 虾夷

  虾夷国，海岛中小国也。其使须长四尺，尤善弓矢，插箭于首，令人戴瓠而立，四十步射之，无不中者。大唐显庆四年

---

① 杜若甫、肖春杰：《从遗传学探讨中华民族的源流》，刊于《中国社会科学》，1997 年第 4 期，第 143 页；兹据张实：《体质人类学》，云南大学出版社，2003 年，第 230 页。

(659)十月,随倭国使人入朝。①

20世纪以前他们分布于库页岛南部、千岛与北海道,是蒙古人种与澳大利亚—尼格罗人种之间的过渡人种。其体质特征主要为:身材矮小、发黑、直、体毛发达、肤色浅褐、面部宽大、扁平。见下图。

图1 虾夷—千岛人种

2)分子人类学与人类遗传基因学

分子人类学是分子生物学和人类学交叉产生的新兴学科,属于人类学的一个分支。分子人类学强调利用现代分子生物学的方法与手

---

① 《通典》,卷一百八十六,边防二,王文锦等点校本,中华书局,1988年。

段,来研究不同人群的遗传和变异,从而解决单凭体质人类方法不能揭示的问题,如人类的起源、进化以及各人群间分化与融合的历史过程。① 其最重要的手段是检测人类的遗传标记系统,特别是男性和女

图2 虾夷—千岛人种

① Я.Я.罗金斯基:М.Г.列文:《人类学》,王培英、汪连兴、史庆礼等译,警官教育出版社,1993年,兹据韦兰海、覃振东:《分子人类学与欧亚北部人群的起源》,《清华元史》,商务印书馆,2011年,第354页。

性各自携带有两套连续遗传机制,即只在男性之间遗传的 Y 染色体与得自母系的线粒体 DNA。第一套 Y 染色体在男性间的遗传,从父到子。第二套连续遗传机制是线粒体 DNA。1987 年美国加州大学伯克利分校的三位分子生物学家卡恩(Cann)、威尔逊(Wilson)和斯通金(Stoneking)发表了对全球抽样的 147 位妇女的线粒体 DNA 的研究,提出了所谓"夏娃理论",即当今散布世界各地的人,从追踪线粒体 DNA 的角度判断,均出自约 20 万年前非洲的一批人类。而 1997 年昂德希尔(Underhill)等人,利用在人类 Y 染色体上的重要发现,对全球取样的一千多个男性的染色体进行了系谱分析,提出了与"夏娃理论"相对应的"亚当理论",即现代人产生于非洲,先分出亚洲与欧洲人群,在亚洲人群之下再分出美洲与澳洲人群。① 而 20 世纪 90 年代末,中国旅美学者褚嘉佑与宿兵等人,分别利用常染色体微卫星位点与进化上更为稳定的 Y 染色体非重组区段的单核苷酸多态性标记,来研究东亚人群的历史迁移,他们证实人类自非洲迁出之后,由南方进入东亚,然后向北方迁移。②

  他们的研究对我们认识史前时代中国大地及其周边地区生活的原始人类,有重要意义。

---

① Cann R. L. , Stoneking M. and Wilson A. C. , "Mitochondrial DNA and Human Evolution", *Nature*, 1987, 325 (6099): 3136; Underhill, P. A. et al. "Detechtion of Numerous Y Chromosome Biallelic Polymorphisms by Nenaturing High-performance Liquid Chromatography", *Genome Res*, 1997, 7(10): 996-1005;兹据韦兰海、覃振东:《分子人类学与欧亚北部人群的起源》,《清华元史》,商务印书馆,2011 年,第 364 页。

② Chu J. Y. , et al. Genetic Relationship of Populations in China, *Proc Natl Acad Sci USA*, 1998, 95(20):11763-11768; Su B, et al. Y-Chromosome Evidence for a Northward Migration of Modern Humans into Eastern Asia during the Last Ice Age, *Am J Hum Genet*, 1999, 65(6): 1718-1724;兹据上引韦兰海、覃振东文,第 364—365 页。

2. 东亚大陆及周边的语言分野——历史比较语言学视角

我们根据自己的生活经验会发现,在日常生活中,汉语的各种方言中,北京话与东北话非常接近,北京话与苏鲁豫皖交界处的话虽然差别较大,但仍然可以互通,而北京话与吴语区,如上海话,则基本上不能互通。而各种少数民族语言,如满语、蒙古语、维吾尔语、藏语、傣语、壮语等,与汉语是完全不同的语言。换而言之,语言不但是人类所特有的,是人类区别于其他一切动物,包括自己的近亲——猿类的最重要能力之一,同时也是人类民族属性的标记之一。

语言是怎样产生的? 20 世纪 90 年代,英国牛津大学威康信托人类遗传学研究中心及伦敦儿童健康研究所的科学家们,对一个三代 24 名成员患有语言障碍症的家族做了研究,发现他们均不能自主控制唇舌运动,不仅存在阅读障碍,且缺乏拼写词汇与运用语法的能力。这个病症引起了学者们的注意,并开始从基因的层面寻找病因。1998 年莫纳科(Anthony Monaco)等人将寻找缺陷基因的范围缩小到 7 号染色体上。2001 年 10 月,《自然》杂志发表报告,称 POXP2 基因的一个 DNA 单位发生异常,造成控制口舌能力的缺失。在此基础上,德国学者斯万特·帕博(Svante Pbo)认为,在人类进化史上,正是 POXP2 基因的突变,造成了人类的语言能力,这一突变产生于约 20 万年之前。①

历史比较语言学的开创者是 18 世纪英国东印度公司职员威廉·琼斯(William Jones, 1746—1794),他 1786 年在深入研究了印

---

① 参见奇云:《语言基因怎样被发现》,《大众科技报》,2002 年 8 月 27 日;兹据李葆嘉:《从同源性到亲缘度:历史比较语言学的重大转折——〈汉语的祖先〉译序》,收于王士元主编:《汉语的祖先》,李葆嘉主译,中华书局,2005 年,第 1—102 页(具体见第 57—58 页)。

度的古典语言梵语之后,发现梵语与他所熟知的欧洲古典语言希腊语与拉丁语之间,有非常系统的对应关系,他认为这绝不可能归结为偶然,只能认为这三种古典语言均源自当时已经消亡的某种语言。这个重要发现使学者们发现了欧亚许多语言之间存在亲缘关系,并构建出印欧语系(Indo-European Language Family)的概念。19世纪以后,欧美学者开始以历史比较语言学的方法,研究亚洲与世界各地的语言。就中国及其所在的东亚大陆而言,19世纪末至第二次世界大战之前,这里居民所操语言的系属已经被西方学者大致勾画出来。20世纪中叶以后,亚、非、澳三大陆的当地学者,在此基础上继续研究,也取得了一定的成绩,使历史上中国及其周边地区的人类所操语言的状况更为清晰起来。

我们可将历史上中国周边地区语言的系属关系,大致表述如下:

1) 印欧语

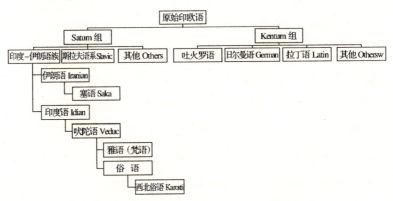

其中之西北俗语,即东汉—魏晋通行于新疆南部的佉卢语。上表可简化表示为:

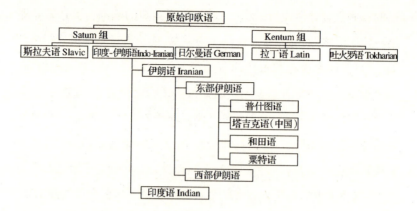

通过以上印欧语系属表,我们可以发现,我国西部周边地区操印欧语的民族主要是使用印度—伊朗语族(Indo-Iranian Group)的各民族。在古代我国境内使用的包括粟特语与和田语,当代我国的塔吉克族所操塔吉克语,均属于印度—伊朗语族中的东部伊朗语系统,惟独我国新疆发现的吐火罗语属于印欧语系西部的语言。

2)汉藏—南岛语(华澳语系)

汉语与藏语之间的亲缘关系最初是由欧洲学者发现的。18世纪60年代,德国学者迅(Schönn)在他的《暹罗语和汉语》(*Das Siamesische und das Chinesische*)一书中,指出汉语、福建语和暹罗语之间存在着关系词。此后莱比锡大学讲师的孔好古(August Conrady,1864—1925)在其著名论文《印度支那语系中使动名谓式之构词法及其与声调别义之关系》("Eine Indo-Chinesische causative-Denominativ-Bildung und ihr Zusammenhang mit den Tonaccenten")中,认为汉语和侗台语有亲属关系。他所谓的"印度支那语系"即今之汉藏语系。① 而"汉藏语系"(Sino-Tibetan Family)的名称,则最初系由美国学者谢飞(R. Shafer)提出并使用,②后来为我国学界接受。

美国学者白保罗(Paul K. Benedict)在"二战"中便论证了侗台语与南岛语之间的亲缘关系问题,而法国学者沙加尔(Laurent Sagart)则于1993年提出汉语与南岛语之间有发生学上的关系。这些发现与观点,对我国学者有重要影响。③ 他们提出的汉语系谱图可简略表示如下:

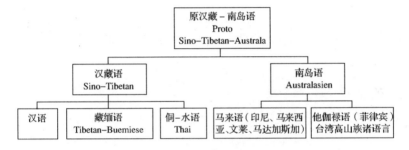

(1) 汉语与南岛语、藏语亲缘关系论证

在汉藏语研究中,学者们使用的方法中有一种,即以汉字谐声法为据,将具有共同谐声部位的汉字,与对比语言中意义相近的词汇读音相对照,对比语言中有无共同相关音素。

我们都知道,汉字有"六书",即《周礼·地官·保氏》中之"六艺",其"五曰:六书"。郑玄注引汉郑司农的话曰:"六书:象形、会

---

① 参见覃晓航:《汉藏语系的研究概况》,《贵州民族研究》,1994年,第1期;并见徐文勘:《略谈王静如和孔好古》,《东方早报》,2010年7月4日。
② 孙宏开、江荻:《汉藏语系研究历史沿革》,收于丁邦新、孙宏开主编:《汉藏同源词研究(一)——汉藏语研究的历史回顾》,广西民族出版社,2000年,第2页。
③ 潘悟云:《对华澳语系假说的若干支持材料》,收于王士元主编:《汉语的祖先》,李葆嘉主译,中华书局,2005年,第242—287页。

意、转注、处事、假借、谐声也"①,"六书"即古人造字的六条原则,其最后一条即为"谐声"。谐声又称形声,是一种意符(即形符)和声符并用的造字法,所造出的字称为"形声字",在汉字中大量存在,这种字通常由两部分复合而成,其第一部分由表示意义范畴的意符(形旁)担当,而第二部分为表示声音类别的声符(声旁)。形声字是最能产的造字形式。意符一般由象形字或指事字充当,声符可以由象形字、指事字、会意字充当。近年来学者们将上述研究方法扩及"华澳语"研究。

甲 以汉语中以"女"字谐声的字与马来语相应词对比为例:

汉语　马来语
女　　a-nak(女儿)
怒　　ga-nas(凶暴)
奴　　hi-na(卑贱的)
驽　　be-nak(愚蠢、迟钝)
弩　　pa-nah(箭)
挐　　be-nah(收拾、整理)
洳　　ra-na(沼泽地)
孥　　no-na(女子)
恕　　lu-nak(温和的)
茹　　na-nah(脓)
如　　gu-na(如果)

---

① [唐]玄宗李隆基撰,李林甫注:《唐六典》卷二十一,明正德十年刻本,上海图书馆。

汝　　ke-na(你)①

在上述汉语与马来语对比的诸词中,可见:

汉语词	马来语的对应词
均以"女"为声符来标志其读音	均为双音节词,且其中均含有音节"na"
上古韵母均属"鱼部", 声母分属泥、娘、日甚至审母	

对比的结果是:上述含"女"部汉字谐声各字所记录的上古汉语词有共同的部分,与对应的马来语构成对照,这一对照暗示了上古汉语与马来语可能有某种发生学上的关系。而上述含"女"部汉字谐声各字的这个共同部分,即"女字"所包含的语音,应当是它们的词根,而词根之前的音节并不相同。随着语言的发展,其词根之前的音节脱落,影响了词根的辅音,造成它们在《切韵》时代读音不同。

(2)汉藏语与南岛语的亲缘关系的进一步论证

我们再以汉、藏与马来语若干意义相关的词的读音表进行对比:

汉语声母	藏语	马来语
粝 l-ie	h-bras(米)	beras(米)
弩 n-a	m-dah(箭)	pa-nah(箭)
盐 j-iam	r-gjiam(盐)	garam(盐)
张 t-iang	g-dang(张开)	kadang(张开)
咒 ts-ieuk	g-tug(控告)	kutuk(诅咒)
土 th-a	h-dag(泥)	butah(泥土)
父 b-ia	h-pa(父亲)	bapak(父亲)

---

① 金理新:《上古汉语音系》,黄山书社,2002年,第13页。原作者所称之"印尼语",笔者均改为"马来语"。

曲 kh-iwok①　　　b-kug(弄弯)　　　　bekok(弯)②

从上述对应词汇的对比可以发现汉、藏与马来语的亲缘关系及发展线索，即马来语的双音节词的首音节，在藏语为复辅音声母，而在《切韵》时代的汉语为单辅音声母。这种规律性的变化表明，马来语代表古老的形式，藏语代表发展过程中的中间阶段，而汉语则表示演进的最后形式。③

(3)汉藏语与南岛语的亲缘关系的再论证

我们可以根据上述论证(2)的内容，加上国内学者对有关汉语词汇的上古读音的拟音，作进一步比较：

汉语声母	藏语	马来语	郑张尚芳拟音	韵部	潘悟云拟音	韵部
粝 l-ie	h-bras(米)	beras(米)	m·raads	祭1部	[m]raads	月1部(去声)
弩 n-a	m-dah(米)	pa-nah(箭)	naa	鱼部	naa	鱼部
盐 j-iam	r-gjiam(盐)	garam(盐)	g·lam	谈1部	g·lam	谈1部
张 t-iang	g-dang(张开)	kadang(张开)	taŋ	阳部	k-taŋ	阳部
咒 ts-ieuk	g-tug(控告)	kutuk(诅咒)	tjus	幽1部	tjus	幽1部
土 th-a	h-dag(泥)	butah(泥土)	lhaaʔ	鱼部	kh-laaʔ	鱼部
父 b-ia	h-pa(父亲)	bapak(父亲)	paʔ	鱼部	paʔ	鱼部
曲 kh-iwok	b-kug(弄弯)	bekok(弯)	khog	屋部	khog	屋部

从上述对应词汇的对比也可以发现，马来语代表了"华澳语"的古老阶段，藏语代表了发展过程中的中间阶段，而汉语则表示演进的最后形式。

---

① 汉字古音拟音据郭锡良《汉字古音手册》，北京大学出版社，1986年。
② 金理新：《上古汉语音系》，第21—22页。
③ 同上书，第22页。

(4)部分谐声汉字的对应藏语比较

汉语	藏文	郑张尚芳拟音	韵部	潘悟云拟音	韵部
元,《说文》:"始也。"	h-go,起初、根源、起源、顶端	ŋon	元3部	ŋgon	元3部
元,《左传·僖公三十三年》:"狄人归其元。"	m-go-bo,首、脑袋	ŋon	元3部	ŋgon	元3部
元,《广雅》:"君也。"	h-go-pa,头人、头目	ŋon	元3部	ŋgon	元3部
玩,《说文》:"习厌也。"	s-go-ba,沾染上、使习染、污染	ŋoons	元3部	ŋgoons	元3部
刓,《广雅》:"断也。"	b-go-ba,划分、分割	ŋoon	元3部	ŋgoon	元3部
完,《说文》:"全也。"	go-re,完毕、盈满	ɦŋoon	元3部	goon	元3部
完,《后汉书·马融传》注:"野羊也。"	d-go-ba,高山羚羊、黄羊	ɦŋoon	元3部	goon	元3部
浣,《诗经·葛覃》:"薄浣我衣。"	go-me,洗涤、沐浴	ɦŋoonŋ	元3部	goonŋ	元3部
垸,《礼记·檀弓》释文引孙炎曰:"漆也。"	go-la,漆、漆树叶	ɦŋoon	元3部	goon	元3部
忨,《说文》:"贪也。"	d-gos-pa,需、欲求	ŋoon	元3部	ŋgoon	元3部

元,《广韵》与专切,余仙切,合口三等平声,拟音 *jiwen。

上述对比中以"元"为声符的谐声汉字,在《切韵》中并不同音,而与之对应的藏文也不同音。但与上述汉字中都含有声符"元"类似,上述对应藏文字中都含有一个词根 *go。这说明上古造字时,带有相同谐声偏旁的汉字其实并不同音,但它们的词根读音相同。除词根之外,它们还应各有自己的前缀。前缀元音脱落后,导致词根读音发生变化。

再看一组以汉字"古"为声符的词汇的藏语对应词对照：

汉语	藏语	郑张尚芳拟音	韵部	潘悟云拟音	韵部
古，《广雅》："始也。"	ka，根本、原始	kaaʔ	鱼部	kaaʔ	鱼部
固，《诗经·天保》传："坚也。"	ka-(be-ko-be)，粗硬、僵硬、干硬	kaas	鱼部	kaas	鱼部
涸，《史记·封禅书》注："凝也。"	d-kag-pa，凝固、冻结	gaag	铎部	gaag	铎部
枯，《说文》："槀也。"	s-kam-po，干燥、枯槀	khaa	鱼部	khaa	鱼部
苦，《诗经·谷风》："谁谓荼苦？"	kha-po，味苦的	khaaʔ	鱼部	khaaʔ	鱼部
辜，《说文》："罪也。"	khag，罪责	kaa	鱼部	kaa	鱼部
辜，《周礼·掌戮》注："谓磔之也。"	b-kas-pa，劈开、裂开	kaa	鱼部	kaa	鱼部
胡，《诗经·日月》："胡能有定？"	ga，何、什么、哪样	kaa	鱼部	kaa	鱼部
嫭，《说文》："嫽也。"	d-ga-ba，喜好、喜爱、愉快、高兴	kaa	鱼部	kaa	鱼部

上述对比中以"古"为声符的谐声汉字，在《切韵》中并不同音，而与之对应的藏文也不同音。但与上述汉字中都含有声符"古"类似，上述对应藏文字中都含有一个词根 ka/kha/ga。

(5) 部分汉语来母字(l-)与藏语复辅音 dr- 之间的对应关系

汉文	藏文	郑张尚芳拟音	韵部	潘悟云拟音	韵部
旅，《说文》："军之五百为旅。"	dra-ma，军队	g·raʔ	鱼部	[g]raʔ	鱼部

（续　表）

汉文	藏文	郑张尚芳拟音	韵部	潘悟云拟音	韵部
釐,《说文》:"家福也。"	drag-pa, 好、优良、美好、合适	rʔ	之部	[g]rɯ	之部
谅,《说文》:"信也。"	draŋ-po, 公正、真实、正直无欺	g·raŋs	阳部	[g]raŋs	阳部
恋,《说文》:"慕也。"	dran-pa,惦念、恋慕、记忆不忘	b·rons	元3部	[b]rons	元3部
列,《说文》:"分解也。"	dras, 割裂、剪裁	red	月2部	[b]red	月2部
缕,《说文》:"线也。"	dru, 线团、线球	roʔ	侯部	[g]roʔ	侯部
离,《说文》:"山神兽也。"	dre, 鬼	reels	歌2部	[b]reels	歌2部
六,《庄子·德充符》:"直寓六骸。"	drug, 六	rug	觉1部	rug	觉1部
砺,《广雅》:"磨也。"	drad-(drad), 磨来磨去	m·rads	祭1部	[m]rads	祭1部
烈,《说文》:"火猛也。"	drod, 热、热力	red	月2部	[b]red	月2部
粮,《说文》:"食也。"	dro,途中干粮、旅途干粮	raʔ	阳部	raʔ	阳部
络,《楚辞·招魂》注:"缚也。"	drags-pa, 捆、束缚	g·raag	铎部	[g]raag	铎部
力,《汉书·灌婴传》注:"强力也。"	drag-po, 威猛、雄武、强暴①	rɯg	职部	[g]rɯg	职部

---

① 金理新:《上古汉语音系》,第57页。

值得注意的是,上述汉字除"络"以外,均为来母三等字(关于韵母的分等,详见后)。似乎上述中古汉语来母三等字的声母 l- 与藏语复辅音 dr- 之间存在对应关系,但问题并不这么简单。学者们还列出了如下汉—藏词对比表:

汉文	藏文	郑张尚芳拟音	韵部	潘悟云拟音	韵部
氂,《说文》:"张曲可以著起衣。"	gra,粗毛、箭毛	rɯω	之部	rɯω	之部
凉,《说文》:"薄寒也。"	graŋ-ba,寒冷、寒冻	g·raŋ	阳部	[g]raŋ	阳部
礫,《说文》:"厉石也。"	gram-pa,圆石、鹅卵石				
列,《左传·昭公十三年》注:"位也。"	gral,行列、列次	red	月2部	[b]red	月2部
缕,《说文》:"线也。"	gru-bu,线团	roʔ	侯部	[g]roʔ	侯部
楼,《方言》:"裂败也。"	gru-pa,破碎、残缺	roo	侯部	[g]roo	侯部
隆,《礼记·檀弓》注"盛也"。	gruŋ-po,活力强、生长力旺盛	g·ruuŋ	终部	[g]rum	侵3部
惏,《方言》:"残也。"	grum-pa,破碎、裂开	g·ruum	侵3部	[g]ruum	侵3部
闾,《广雅》:"里也。"	grwa,部门、区域、场所、院落	ra	鱼部	ra	鱼部
裂,《广雅》:"分也。"	d-grod-pa,展开、张开	red	月2部	[b]red	月2部
量,《说文》:"称轻重也。"	b-graŋ-ba,计算、计数	raŋ	阳部	[g]raŋ	阳部
梨,《方言》:"老也。"	b-gres-po,老的、年长的	ril	脂1部	[b]ril	脂1部
廉,《仪礼·乡饮礼》:"侧边曰廉。"	fi-gram,边沿①	g·rem	谈2部	[g]rem	谈2部

---

① 金理新:《上古汉语音系》,第57页。

值得注意的是,上述汉字也均为来母三等字。上述藏文中带 dr-复辅音声母的词与带 gr-复辅音声母的词构成广泛的同源关系,而 dr-复辅音声母是 gr-复辅音声母一个变体。①

上述语言学的资料提示我们,操汉藏语的居民似为远古时代从东南亚进入东亚大陆。

3) 黏着语

黏着语(agglutinative languages)是指主要靠词缀(或称语法附加成分)表达词的语法意义的语言,其主要特点为词汇变格、变位或单复数转换时,在词根上添加语附加成分,而词根本身无屈折变化。在我国及其周边地区,使用黏着语的有突厥语族各语言、蒙古语族各语言、满—通古斯语族各语言,及日语、朝鲜语等。亚洲北部地区各民族也主要使用这种语言。其系属关系可图示如下:

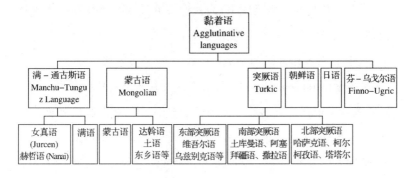

以突厥语为例,在东部突厥语中,男孩子称为 bala;复数附加成分为-lar;第一人称单数属格附加成分为-im,第一人称复数属格附加成分为-imiz;时位格附加成分为-da;从格/夺格附加成分为-dan(受元音和谐律支配)。这些语法附加成分,分别受颚元音和谐律或唇

---

① 见金理新《上古汉语音系》第 58 页引潘吾云文。

元音和谐律支配,因此有以下形式:

bala"男孩",balalar"男孩们";

bala-y-ïm"我的男孩",balalar-ïm"我的男孩们";bala-y-ïmïz"我们的男孩",balalar-ïmïz"我们的男孩们";

bala-da"在男孩那里",balalar-da"在男孩们那里";bala-y-ïm-da"在我的男孩那里",balalar-ïm-da"在我的男孩们那里";bala-y-ïmïz-da"在我们的男孩那里",balalar-ïmïz-da"在我们的男孩们那里";

bala-dan"从男孩那里",balalar-dan"从男孩们那里";bala-y-ïm-dan"在我的男孩那里",balalar-ïm-dan"从我的男孩们那里";bala-y-ïmïz-dan"从我们的男孩那里",balalar-ïmïz-dan"从我们的男孩们那里"等。

语言学资料及其研究成果,为我们探究史前我国及东亚大地民族的形成、迁移及文化状况,提供了有益的途径。

3. 生产与生活方式的形成(文化)——考古学视角

考古学(Archaeology)是一种介于人文科学与自然科学之间的学科,考古学家根据古人的遗迹来研究古代社会。兹以我国新疆哈密五堡遗址为例,说明考古学在探寻史前人类活动中的作用。

哈密五堡墓地位于新疆哈密市五堡乡政府西北 2 公里。南距五堡水库约 1 公里,海拔 525 米。地理坐标为:东经 92°49′14″,北纬 43°1′52″,面积约 7 万平方米。

该遗址于 1978 年首次考古发掘,1986 年与 1991 年,又先后进行了第二、第三次发掘。经碳 14 测定,该墓葬群为原始社会晚期阶段的氏族公社墓地,相当于中原商周时期青铜器时代的文化遗存,距今约 3200 余年。1990 年被列为新疆维吾尔自治区文物保护单位。

五堡古墓群的出土物中最引人注目之处是,发掘出的干尸中有相当数量的高加索人种(白种人)干尸。由于墓地所处的特殊地理环境和气候条件,墓室内尸体大多保存良好,是极为珍贵的人类学标本,其中有两具完整的女性干尸,其时代早于长沙马王堆女尸约900年,被称为"金发女"、"睡美人"。据此可推测,这里部分居民的祖先在史前曾从欧洲远徙内陆亚洲。

该遗址的发掘工作是新疆文物考古研究所会同哈密地区文物管理所进行的,三次发掘共清理墓葬113座。墓区地表近平,不见封堆。区内墓葬十分密集,鳞次栉比,排列有序。墓葬均为长方形竖穴土圹墓,一般长1.5米、宽1米左右,深1.2~2米。墓室底部有生土或土坯二层台,高约0.5米,宽约0.2米。二层台上铺弧形盖木,盖木大多为胡杨,盖木彼此切合不密,只稍事砍削,相对平整。盖木下即为哈密五堡墓地墓室,一般长1.1米,宽0.8米左右。墓室内大都葬一人,均侧身屈肢,双腿极度卷曲。

出土物中的皮帽、皮靴、皮大衣及各式平、斜纹毛织物,部分还相当完好。皮革的鞣制、脱脂水平较高,至今仍非常柔软。毛织物编织精细,质地细密,着色美观、大方,图案种类繁多,其中有件毛

图3 哈密五堡古墓

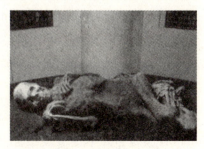

图4 哈密五堡古墓

图5　五堡遗址出土的木梳

绣,红底,绣满三角图案,为罕见的珍品。出土随葬品除墓主随身鞋帽、衣服外,多为日常用品及生产工具。墓主随葬器物没有明显的数量差别,反映出当时社会尚未有强烈的贫富分化现象。出土随葬物有各种木器,如木桶、木勺、木梳、木质三角形掘土器等,陶罐(部分陶罐及木桶上施有黑彩和红彩,主体纹饰均为倒三角形图案),铜器有青铜小刀、木柄铜斧等,石器有石磨、石杵、石球等,此外还有各种生产、生活工具,如纺轮、骨针、笼头、马蹬、鞭等。

二、移民与帝国

(一) 早期东来西往的移民

前面我们已经讲到今新疆的古代居民中,有来自遥远欧洲大陆的人群。今天我们若从中国东部沿海地区沿陆路向西行,当穿过河西走廊之后,我们会发现当地居民的人种逐渐与我们平日所常见的蒙古人种有所不同,越向西,这种差别便越大。这种差别是由古代人类的迁移造成的。

1. 吐火罗人(Tokharian)

大家都知道,19世纪末至20世纪初,在西方国家"丝绸之路"探险的高潮中,普鲁士科学院的考察队和法国考察队在我国新疆天山以南的库车与焉耆绿洲分别发现了吐火罗语(Toγri)文献,约写于公元6—8世纪,主要为唐代遗物。这种文献以源于北印度的音节字母书写,被称之为婆罗米字母(Brāhmī)。经研究,学者们将这种语言分为两个方言,分别以吐火罗语A与吐火罗语B(或焉耆语、库车语)称呼之。

吐火罗语是一种印欧语系的语言。但非常令人惊异的是,这种语言并非如人们所期望的那样,属于与之邻近的印欧语系中的印度—伊朗系统的语言,而是与印欧

图6 吐火罗语残片

语系与波罗的—斯拉夫语(Balto-Slavic)、日耳曼语(German)及意大利—凯尔特语(Italo-Celtic)有关,说明它很早便与印欧语系的其他语言分离。通过词汇的分析,学者们还发现这种语言曾经与古代散布于乌拉尔山至波罗的海地区的芬—乌戈尔语(Finno-Ugric)、突厥语与汉—藏语(Sino-Tibetan)有过接触。这说明吐火罗人的祖先大约起源于东欧或中欧某地,经长途跋涉才抵达塔里木盆地。①

2. 塞人

除了吐火罗人以外,塞人也是从先秦至汉代广布于西北地区的民族,《史记》称为"塞种"。"塞"字古音属入声,以颚音-k收声,其读音近于sək。在相当于我国春秋时代的古波斯楔形铭文中,提到臣服于波斯帝国有三种Saka人。学者们一致认定,古波斯铭文中的提到的Saka人,就是我国汉代文献中提到的塞种。汉初月氏人西迁

---

① 参见徐文勘:《吐火罗人起源研究》,收于季羡林主编《东方文化集成》,中亚文化编,昆仑出版社,2005年。

后,塞种被迫离开原有的牧场,迁居今帕米尔地区。19世纪末至20世纪,英国学者在我国新疆南部发现了一种以印度婆罗米字母(Brāhmī)拼写的文献,经研究后发现其语言属于东伊朗语,其使用时代在公元4世纪至10世纪之间,有些学者称之为和田塞语文献(Khotanese Saka)。

和田语从系属上来说,是印欧语系中印度—伊朗语的一支,与中古时代通用于中亚的中古东伊朗语中的粟特语(Sogdian)、花剌子模语(Khwarezian)等相当接近。由此可见,使用和田语的居民的祖先也是在史前时代从遥远的西部迁至我国新疆地区的。①

上述这些吐火罗语与和田语文献,不但说明其使用者与上古时代迁入我国西北地区的高加索人种有关,而且证明,从西方向东迁移的高加索人种不是一次、一批,而是多次、多批行动的。这些上古时代未见于文献记载的民族迁移活动,塑造了我国今天多元民族与文化的特性。

(二)"凿空西域"之前的东西交往

1. 丝绸与玉石的交换

1)西域出土的古丝绸

1924年,在当时苏联俄罗斯联邦戈尔诺·阿勒泰州的乌拉干区发现了巴泽雷克古墓葬区(Pazyryk Cemetery),1927、1947—1949年由苏联考古学家C.И·鲁坚科主持发掘,重点是五座大墓。

这片墓地被确定为斯基泰/塞种墓葬地,据碳14法测定,其中2

---

① 参见张广达、荣新江:《上古于阗的塞种居民》,刊于《西北民族研究》,1989年第1期;荣新江:《九、十世纪于阗族属考辨》,《新疆社会科学》,1987年第4期。

图7 巴泽雷克古墓

号墓、5号墓的年代为公元前730年—前400年,而巴泽雷克墓葬的平均年代距今2395年(即公元前430年),相当于我国内地的春秋至战国初期。考古学家们在一些巨型墓中发现了不少中原出产的捻股丝线织成为平纹织物,其密度为34×50支/平方厘米,大小不等,覆盖在皮衣之上。其中图案与制作技艺最为突出者,为巴泽雷克3号墓出土的一块有花纹的织物,其密度为18×24支/平方厘米,织法为一经两纬,织纹为三下一上,或三上一下斜纹。而巴泽雷克5号墓出土的丝绸最为精致,为一块鞍褥面,平纹,密度为50×52支/平方厘米,宽43厘米,纹样以彩色丝线绣成,主题为凤栖息于树上,凰飞翔于树间。此外,我国的阿勒泰地区,以及今哈萨克斯坦与俄罗斯均出土过战国铜镜。

除境外的阿勒泰地区之外,我国新疆天山南麓也出土过古丝绸。"文革"后期,1976年至1978年在新疆南疆铁路修建时,在吐鲁番盆地西缘的阿拉沟东口,鱼儿沟车站地段发掘出一大批古代墓葬。其中第28号墓经碳14测定,距今2620年,即春秋时期。该墓出土了一件丝绸绣品,其绢面素色,长宽均为20多厘米,图案为绿色丝线绣

图 8　新疆出土的古丝绸

出的凤鸟纹。由于原件已残,其完整图像难以判明,但残余部分仍可见凤鸟的身躯,微曲的腿、爪,无疑产自中原,此文物现存新疆博物馆。此外,第 18 号墓还出土了战国时代中原产的漆器。①

---

① 王炳华:《西汉以前新疆和中原地区历史关系考察》,《新疆大学学报》,1984 年第 4 期。

图9 古丝绸细部(凤纹)

2) 玉石之路

如果说丝绸为中原特产,自古向域外输出,而这种输出显然带有贸易性质,不可能是无代价的。那么西域地区以什么来平衡中原的输出品呢?

中原人自古爱玉,以玉为珍品的习俗始于新石器时代,至今绵延数千年而不绝。玉是什么?汉代许慎《说文解字》云:"石之美者。"① "文革"后期1976年,中国科学院考古研究所在河南安阳发掘了一座商代中后期王墓,经研究确定为商王武丁的配偶"妇好"之墓,距今已有3200多年。随葬的1928件器物中,有玉器及残片756件,占随葬品总数39.2%。当时考古工作者曾取类标本300余件,分送北京市玉雕厂和中国科学院地质研究所等单位鉴定,结论是,除3件标本之外,均属新疆玉。这一发现揭开了史前时代中原与西域

---

① 《说文解字》卷一上,"珢"、"珉"、"玟"字条,四库本。

往来的秘密。

我国古文献,如《管子》、《山海经》、《穆天子传》中,对古代中原地区用玉,而玉取之于于阗、昆仑之地有记载。如《穆天子传》提到,西周时穆天子曾经西行,至"昆仑丘"和"舂山",并称"舂山是唯天下之高山也"。后来穆天子又至"群玉之山"。虽然有研究者认为,"舂山"应当指帕米尔高原①,但一般人对此则疑信参半。只有当妇好墓的玉被鉴定为新疆玉之后,上述史籍中的记载才有了物证。

玉石在未雕琢之前为重物,如何从遥远的西北运到中原?从地理条件分析,最便捷的通道应是从玉产区今新疆和田沿塔里木河支流和田河水道北上,至今阿克苏,即今和田河与塔里木河的汇流处,再沿塔里木河东下,直至罗布泊地区,再以驼队向河西走廊运输。这就解释了为何汉代开通西域后,在河西四郡中有一个被称为玉门的原因。有些学者将这条玉石输入中原的古道称为"玉石之路"。

2. 大帝国时代的开端

1) 波斯帝国

公元前6世纪至4世纪,相当于我国春秋至战国初,东地中海沿岸至内陆亚洲,即西起欧洲的巴尔干半岛与非洲的埃及,东至印度北部与中亚的辽阔地区内,产生了人类历史上最初的大帝国——波斯帝国与马其顿亚历山大帝国。

伊朗高原历史上深受两河流域文化的影响。公元前7世纪后半叶,伊朗高原后半部兴起了操某种古波斯语方言的米底人的国家。不到一个世纪之后,米底人被近亲波斯人取而代之。公元前553年,

---

① 顾实:《穆天子传西征讲疏》,中国书店,1990年。

波斯阿黑门尼德(Hakhāmaniš)氏贵族居鲁士(Kurūš)起兵反抗米底人的统治，并于公元前550年攻入米底都城埃克巴坦(Ecbatana,今德黑兰西南之哈马丹)。居鲁士死时，其帝国东境已经包括今阿姆河两岸的巴克特里亚(Bactria,今阿富汗与乌兹别克接壤处)和花剌子模(今阿姆河注入咸海处的下游河段流域)。居鲁士之子在位时，继续扩张，其国境西越埃及，东跨今锡尔河(Sir Darya,其下游位于今哈萨克斯坦)，其最东部到达与我国新疆喀什相邻的今费尔干那(Fergana)盆地。

波斯帝国是人类历史上第一个控制了辽阔土地的大帝国，大流士(Dāriuš)王在位期间为其极盛期，其领土西越小亚细亚半岛，伸及巴尔干，东跨印度河，南控埃及，北达里海与咸海。为控制全境，波斯帝国建立起驿路网，其主干线西起小亚细亚半岛，东达其都城之一的苏撒，全长2470公里，沿途设有111个驿站。驿使通过换乘驿马，可在7日内走完全程。

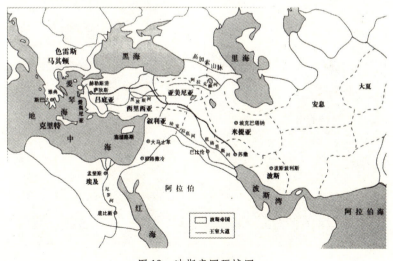

图10　波斯帝国疆域图

2) 马其顿亚历山大帝国

波斯帝国的宿敌是希腊人。波斯帝国与希腊各城邦曾进行过数百年战争,其中最著名者便是公元前 490 年雅典与波斯的马拉松之战。马拉松为雅典附近小镇,是此次会战的战场,结果雅典获胜。雅典士兵费迪皮迪兹从战场奔回雅典报告,在宣布胜利消息后死去。1896 年举行首届现代奥运会时,顾拜旦采纳了历史学家布莱尔(Michel Breal)以这一史事设立一个比赛项目的建议,并定名为"马拉松"。

波希战争后,希腊北部的马其顿(Macedonia)迅速发展成强国,希腊各城邦接受其统治。公元前 331 年,马其顿王亚历山大(Alexander,公元前 336—前 323 年在位)击败波斯王大流士三世,率军攻入波斯本土,灭其国。此后,马其顿军继续东进,攻占马拉康达(Ma-

图 11 亚历山大大帝

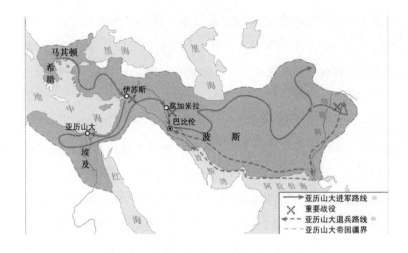

图 12　亚历山大帝国疆域图

racanda,即今乌兹别克斯坦文化名城撒马尔罕),并深入与今新疆喀什为邻的费尔干那地区,且在锡尔河沿岸设立边堡。

迁入中亚的希腊人没有再返回巴尔干,他们把希腊文化带到这里,开创了中亚历史上的希腊化时代。这些希腊人后来被称为"腴那",指希腊的爱奥尼亚地区,他们后来皈依了佛教,并运用希腊的雕塑工艺来雕塑佛像,为佛教艺术的大发展打下了基础。

亚历山大在后来的伊斯兰史料中分别称 Iskandar 与 Dhu al-Qarnayn,前者在我国明初所编《回回药方》中译称"亦西刊达而国王",而后者在我国南宋赵汝适所著《诸蕃志》中译称"徂葛尼"。

中亚、西亚与东地中海沿岸地区大帝国的出现,打破了此前这一区域小国与部落割据的局面,对东西交通的便利化起了非常重要的作用。如果说波斯帝国时期,驿路的设置还只限于内陆亚洲至西亚的话,那么继之而起的马其顿亚历山大帝国则将交通干线延至欧洲。至此,东西陆路交通,也就是后来的丝绸之路的中段与西段,即从欧洲到今中国西部边境,可以说已经贯通。可以说此后人类便一直在等候着一个历史时刻,即从东亚至内陆亚洲的交通开通时刻的到来,我国的张骞就是完成这一历史性使命的人物。

3. 月氏与贵霜

月氏又称为月支,居于匈奴之西,受其统治。因不堪忍受其压迫而西迁。汉武帝派张骞赴西域,是为了联络大月氏共同对付匈奴。《史记·大宛传》称其故居在敦煌与祁连之间。这里的敦煌与祁连并非汉语词汇,也不能简单地理解为今甘肃之河西走廊。敦煌可能与《山海经》中的"敦薨"为同名异译,有可能是吐火罗的同名异译,而祁连则可能指今天山。颜师古在注《汉书·武帝纪》时提到:"天山即祁连山也。匈奴谓天为祁连,至今鲜卑语尚然。"①如是,在西迁之前,他们的原居地应在今甘肃西部至今新疆东部一带。

月氏人究竟属于哪一个民族,史无明文。但他们西迁之后,在当地被称为吐火罗(Tokhar)人,于是学者们将他们与上述19世纪末至20世纪初在新疆天山以南库车与焉耆发现的吐火罗文联系起来。如果月氏人就是吐火罗人,那么,他们的祖先是何时来到东方的?德国学者亨宁(Henning)注意到公元前三千纪末的巴比伦史料中提到的两个部落,即Guti与Tukris。他认为这两个部落后来逐渐东迁,Guti人成为后来的月氏人,而Tukris则成为后来的吐火罗人。②

月氏人西迁的第一站是今伊犁河(Ili)、塔刺思河(Talas)流域,原先居于此地的是前面提到的塞种(Saka),月氏人的到来迫使塞王率部远逃向帕米尔高原。公元前176—前161年,匈奴联合乌孙进

---

① 见《汉书·武帝纪》天汉二年战于天山注。
② 参见 W. B. 亨宁:《历史上最初的印欧人》,徐文勘译,刊于《西北民族研究》,1992年第2期。

图 13　佛教造像艺术　　　　图 14　佛教造像艺术

攻月氏,月氏不能敌,继续向南迁移,直至妫水(Oxus,今乌兹别克斯坦、塔吉克斯坦与阿富汗之间的界河阿姆河)以南,而他们所放弃的伊犁河、塔剌思河流域的草原,遂为乌孙占据。

张骞到达妫水以南时,发现月氏人已经安于这里的环境,不愿再东回与匈奴为敌,只得返回。后来汉遂与乌孙联络共击匈奴。月氏在妫水之南分为五个部落,其中的贵霜部后来强大起来,统一五部,建立了在中亚与北印度历史上有重要影响的贵霜王朝。东汉时,贵霜王迦腻色伽王大兴佛教,并大力将希腊化的造像艺术运用于佛像塑造与洞窟的开筑上,创造出灿烂的犍陀罗艺术。贵霜与东汉保持密切的往来,并在佛教造像艺术东传的过程中起到了非常重要的作用。今天我国著名的新疆克孜尔千佛洞、敦煌石窟、洛阳龙门石窟与大同云冈石窟,均可见犍陀罗艺术的影响。

在佛教入华的高峰时期,东来的佛僧中,有不少是贵霜人。当时中国人仍称贵霜为月支,并以其略称"支"冠于入华贵霜僧人的法号之前,如支谦。这些入华贵霜僧在汉地寺院中开学讲佛,翻译经典,为佛教传播做了很多贡献。

佛教的入华,不是简单的外来宗教的传入。随着佛教传入的,是整个印度的文化体系。它使中国人第一次有机会将自己的文化与另一种文化做全面比较。以语言为例,中原人世世代代讲汉语,但汉语的特点是什么,在佛教传入之前,从未有任何学者做过探讨。佛教传入后,为了深入理解它,学习梵文的风气在佛寺中逐渐兴起,来自域外的高僧也日渐增多。通过对印度语言学的钻研,中国人发现汉语是有声调的语言,并总结出中古时代汉语的平上去入四个声调。于是才有反切的发明、韵书的编写,才有了中国的语言学,促进了汉语诗律学的飞速发展。而佛经的翻译,使汉语第一次大量地接受外来词,许多词一直使用到今天,如佛、菩萨、刹那等。

三、从太平洋到地中海

说起古代中国与世界其他民族的交往,就不能不提及"丝绸之路"。"丝绸之路"是对东西方之间、中国与海外诸民族之间传统政治、经济与文化交往的代称,它起源于不同文明环境下的人民之间的互相吸引,起源于人们对遥远地区的文明的好奇与向往,起始于久远的史前时代,延续至近代以前,存在时间长达数千年。

古代东西方之间的往来有陆、海二途,因此"丝绸之路"亦可分为陆路(Continental Routes)与海路(Maritime Routes)。陆路又可大致分为草原路(Steppe Routes)、沙漠路(Desert Routes)、西南路(Southwestern Routes)等。

草原路从中原经不同道路北上入漠南、漠北草原,西行,越阿勒泰山、新疆北部、碎叶川、锡尔河、乌拉尔河、伏尔加河抵欧洲。

沙漠路从陕、甘启程,经河西走廊(或甘南—青海)、新疆南部,越帕米尔高原至西域、印度。

西南路经云贵高原、缅甸、东天竺(今孟加拉邦与印度东北部)、中天竺(印度北部)北天竺(今巴基斯坦)至西域。此外还有一些其他路线,每条路线都非固定不变,而是随时代的政治与自然环境变迁而有所变动。

海路则从我国东南沿海出发,经南海、东南亚、南亚至波斯湾与红海和东非,并进而到达欧洲。

(一) 中古时代旧大陆的文化圈

在大航海时代之前,人类的主要活动地域限于亚、欧、非三大陆,又称旧大陆。欧亚大陆上虽然民族众多,文化各异,但各民族发展的历程不同,文化的原创能力也不同。在中古时代,欧亚大陆上出现了以几个强势文化为中心的文化圈现象。文化圈就是某一地域中的各民族,接受其中某种强势文化,或采用其文字,或采用其拼写系统及文化价值观,其间发展起较其他文明之间更密切的关系。

很多人都注意到,东亚的民族如朝鲜、日本、琉球、越南,在相当长的时期内,采用汉字作为书面语,输入并学习中国经典。这一文化圈被称为汉文化圈。越南、朝鲜的使臣到中国,即使不会讲汉语,也可与中国文人通过笔谈的方式互相交流。汉文化圈内的各民族,不但共用汉文,而且均为农耕定居,有近似的生产与生活方式。在汉文化圈中,除了上述采用汉字的朝、日、琉、越等民族以外,还有一些民族采用汉字偏旁自创文块形文字,如辽代契丹人创制了大字与小字,金代女真人创制了女真大字与小字,西夏人则创制了西夏文。这些文字粗看像汉文,但其实并非汉文。后来,日本在汉字偏旁基础上创制的假名,朝鲜在八思巴字基础上创制的韩文以及越南的喃字,也大致属于同一性质。

欧亚大陆的北部,与汉文化圈比邻的游牧民族,属于突厥—蒙古文化圈。这些民族大体上均为游牧民族,过着逐水草而居的游牧生活。他们先后采用粟特字母创制了自己的文字,如畏兀儿文(回鹘文)和蒙古文。这种字母源于西亚的阿拉美字母(Aramaic Scripts),与后来的阿拉伯字母有亲缘关系。后来满族人也采用这一字母来拼写满语,今天我国西北地区锡伯族所行用的锡伯文,就是满文。

公元7世纪,在东亚唐帝国兴起的同时,西亚的阿拉伯帝国(大食)也在勃兴。阿拉伯帝国最盛时,其西部疆域跨越北非与欧洲之间的直布罗陀海峡,包有欧洲比利牛斯半岛的葡萄牙与西班牙,东达中亚,南抵印度,地跨欧亚非三大陆。这一地域内的多数民族接受了伊斯兰文化,并采纳了阿拉伯文。阿拉伯帝国在扩张的过程中,征服了波斯的萨珊王朝(Sāsānīds)。后来阿拉伯帝国迁都巴格达,开始了阿拔斯王朝,史称黑衣大食。波斯不但地近阿拔斯王朝的核心区,而且有悠久的文化传统。因此,阿拉伯文化被深深地打上波斯文化的烙印。公元10世纪撒曼王朝(Sāmānids)波斯语重新复兴,并逐渐取代阿拉伯语,成为东部伊斯兰世界最重要的学术语言。因此可以说,在我国新疆以西,直至北非的伊斯兰世界,在中世纪形成了伊斯兰文化圈,其东部文学语言是波斯语,而其西部则为阿拉伯语。

而与伊斯兰世界隔地中海相望的西欧,在西罗马帝国灭亡后,信奉天主教的各民族处于教廷的控制之下,其文学语言为拉丁语。

（二）记录周边世界——中国史学传统的西传

就我国历史而言,先后存在于中原与内陆欧亚邻接地区的绿洲农耕区、草原游牧、半游牧民族及其政权,汉、唐、元、清时代中原政权在西域与大漠南北的活动,我国东部滨海地区人民的海事活动等,不但是我国与周边民族联系的历史纽带,也是我国文化、历史研究中不可或缺的重要组成部分。在某种意义上甚至可以这样说,即使在近代,我国长期处于积贫积弱的状态,仍然拥有巨大的世界文化影响力,在当今世界上拥有辽阔回旋余地的战略空间,具备赖以为生的富饶土地和各种自然资源,这些均与我国同内陆欧亚的历史关系及丝绸之路的历史是密不可分的。

在我国,丝绸之路研究可以说是一门古老而年轻的学科。在传世的先秦文献中,就已经保存着有关内陆欧亚最古老的记录。我国杰出的史学家司马迁在《史记》中创造性地设立了民族志部分,如:

为当时称雄大漠南北的游牧部族——匈奴单独立传(《匈奴传》),介绍亚洲北部地区的民族与历史;

为邻国大宛立传(卷一二三《大宛列传》),介绍今河西走廊的尽头玉门关、阳关以西的西域诸国的情况;

专设《西南夷列传》(卷一一六),记录西南各民族。

此外他还在一些人物传记中,如卷一一九《李将军列传》、卷一一一《卫将军骠骑列传》中,生动地描述了中原与北方草原交往的历史。

《史记》的这种按民族、地域描述中国历史的框架体系,被后世许多史学家所继承。在后来的史书中,多数都有《四夷传》,如《东夷传》、《北狄传》、《西戎传》、《南蛮传》及《外国传》等民族志部分。这些资料连同浩如烟海的官修典籍和私家著述、杂史、笔记、游记、金石和方志中的有关部分,都是古代中国学者对丝绸之路进行研究的重要文献资料。

司马迁的史学框架,也流传到东亚以外。13—14世纪波斯伊利汗国合赞汗(Ghāzān Khān)著名史学家拉施都丁(Rašīd al-Dīn)撰写了一部题为《史集》(Jāmi' al-Tawārīkh)的史学巨著,如今被世界各国列为世界史学名著(见商务印书馆"世界学术名著系列")。此书除了描述伊朗的历史之外,还有蒙古早期史部分、成吉思汗编年、蒙元中前期诸帝历史,及伊朗周边民族与国家如欧洲(《拂浪[Frānag]史》)、近东(《Israel 及其子孙》)、印度(Hindustān)、突厥(Oghuz)及中国(Cīn)的简史,相当于中国史书中的外国传和四夷传。这种体例在此前伊斯兰诸国的史学中从未出现过,此后这种传统也未继续下去,明显是采纳了中国史书纪传体的传统。

(三) 希腊、罗马文献中的中国与丝绸

亚历山大的东征使希腊人比起前辈更深入地接触了东方。早在先秦时代,希腊人已经通过某种间接渠道了解到丝织品,并称之为ser,当为汉字"丝"的音译。他们还知道,丝绸出自于亚历山大所征服的地区以东,并将这个出产丝绸的国度称为赛里斯(Seres),即丝国。由于中国与希腊距离遥远,而丝绸是经过层层中间贸易最终才运达希腊的,因此希腊人一开始并不清楚美丽的丝织品的原料究竟是什么。希腊人所习惯的是毛织物,因而他们想当然地以为丝织品的原料是某种特殊的羊毛,但是欧洲无论哪一种羊毛也不可能捻出丝一样的细线,更不可能纺织出丝绸这样精美的纺织品,这就使得希腊人对丝绸的好奇心大增。

多少年过去了,经过反复了解,希腊人终于依稀地听说,丝绸得之于树木。于是他们又想当然地以为丝是一种从树上采下来的羊毛。罗马帝国时代的作家老普林尼(Pline L'Ancien)在其成书于公元77年的《自然史》中说,赛里斯人这个民族,"以他们森林里所产的羊毛名震遐迩。他们向树木喷水而冲刷下树叶上的白色绒毛,然后再由他们的妻室来完成纺线和织布这两道工序"①。中国的读者可以一眼看出,希腊人经过几个世纪的探查所得到的答案并不正确,他们仍然将丝视为一种羊毛,又以为丝是一种长在树上的白色绒毛。但平心而论,这种看法毕竟距离真理又接近了一步。

直至公元2世纪大秦王安敦在位时期,罗马人才了解到丝不是羊毛,也不是植物纤维。包撒尼亚斯(Paisanias)在其作品《希腊志》中提到,中国的丝产自一种叫作 Ser 的昆虫,即蚕。他写道:"赛里斯人用于制作衣装的那些丝线,它并不是从树皮中提取的,而是另有其他来源。在他们的国内生存有一种小动物,希腊人称之为'赛尔'(Ser),而赛里斯人则以另外的名字相称。"他还说,这种小动物与蜘蛛相似。包撒尼亚斯虽然已经接近揭开丝绸来历的真相,但他却止步于此,他接着说,赛里斯人用笼子来饲养这种小虫,这种小虫制造出一种在它们的足上缠绕的细丝。Ser 这种小虫饲养一季需五年,前四年一直用黍作饲料,直到第五年才改用绿色的芦苇来喂养。这种小动物非常喜爱吃绿色的芦苇,拼命地吃,直到撑破肚子死去,丝

---

① Codes, George, *Textes d'autres Grecs et Latins relatifs a l'extreme-Orient depuis le IVe ciecles AV, J-C. jusque' au XIVe siecles*, Paris, 1910 (戈岱司编:《公元前四世纪至公元十四世纪希腊、拉丁作家远东古文献辑录》),耿昇汉译本《希腊拉丁作家远东古文献辑录》,中华书局,1987年,第10页。

就留在其肚子中。①

直到东罗马查士丁尼国王在位年代,欧洲人才第一次得到蚕卵。

四、"大航海"时代之前知识传播

(一) 回回人入华

从宋代起已有大批回回番商移居中国沿海。南宋时我国东南地区最著名的番商是福建的蒲氏。据元《忏悔史》和明《闽书》记载,蒲氏是回回人,蒲姓当来自阿拉伯语 Abū,意为"父亲",今通常音译为"阿布"。阿拉伯人起名与中国人不同。中国人起名较为随意,可以自行创造名字,所以中国同名者较少。而阿拉伯人起名时是在通行的名称中选择,所以同名者非常多。为了区别同名者,阿拉伯人用父子联名制,即已婚男子在孩子的名称前加上 Abū,意为××人之父。即便如此,还是可能遇到许多同名者,所以还有人在名字之后加上地名,表示是××地方的××人之父。

蒲氏的先世自西域经南洋迁居广州,后又落籍于泉州。蒲氏家族专长于航海贸易,历受统治者重视,负责海外交往。南宋理宗绍定年间(1228—1233),蒲氏家族的蒲宗闵曾数次出使海外。理宗端平三年(1236),蒲宗闵又奉使占城。淳祐七年(1247),再奉命渤泥(今文莱),卒于其地。其墓志至今尚存于文莱,被德国汉学家傅吾康

---

① Codes, George, *Textes d' autres Grecs et Latins relatifs a l' extreme-Orient depuis le IVe ciecles AV, J-C. jusque' au XIVe siecles*, Paris, 1910(戈岱司编:《公元前四世纪至公元十四世纪希腊、拉丁作家远东古文献辑录》),耿昇汉译本《希腊拉丁作家远东古文献辑录》,中华书局,1987年,第54页。

(Wolfgang)发现。蒲宗闵之子蒲应后来曾出使渤泥,其另一子蒲甲任"占城之转运使",与"大食、波斯、狮子之邦蛮人嘉谐"。

因为蒲氏是入籍于宋的穆斯林海商,在宋朝的命运与自己家族的财产权力面前,他们更关心后者。于是元军攻陷临安后,蒲氏后人蒲寿庚所控制的海军力量向元军倒戈,加速了南宋小朝廷的灭亡。元代蒲氏家族在泉州仍然很有势力。据周密的《癸辛杂识》记载:"泉南有巨贾回回佛莲者,蒲氏之婿也。其家富甚。凡发海舶八十艘癸巳岁殂。女少无子,官没其家资,见在珍珠达一百三十石,他物称是。"据学者考证,佛莲即地名巴林(Bahrain)。

成吉思汗在击败金朝占领华北大部之后,于13世纪20年代发动了征西之役,蒙古骑兵的铁蹄横扫中亚、西北印度、波斯北部与高加索山、里海以北的伏尔加河、乌拉尔河草原。这些地区降服后,其男丁中许多人被编入军队随蒙军出征,这种军队被称为回回军。其官僚、知识分子、科学家、神职人员、工匠也为蒙古人所用。西征之后,成吉思汗回师,大批回回军与回回人随蒙古军来到汉地,在中原与江南定居下来,形成回族的先民。

回回人的入华带来了西域的天文、地理、历算、医学与工程技术新知。回回人的海外地理知识也随之入华。

(二)回回地圆说的传入

大食人建立地跨欧亚非三洲的大帝国后,许多学者努力学习并继承了古希腊、罗马的科学。古希腊的大地球形说也为阿拉伯、波斯学者所接受,成为穆斯林科学的一部分。13世纪成吉思汗及其子孙领导的西征将蒙古国的疆域推至西亚,大批回回知识分子以一技之长成为蒙古贵族的僚属,随军来到汉地。元代最著名的回回科学家是不花剌(Bukhara,今乌兹别克斯坦布哈拉)人札马剌丁(Jamal al-Din),他的生平在汉籍中零星地保存在《元史·天文志·西域仪象》、《元史·百官志·回回司天监》、《元秘书监志》和许有壬《至正集》中。

在至元四年(1267),札马剌丁建造了七种"西域仪象",其中第六种称为"苦来·亦·阿儿子",《元史·天文志》记曰:"汉言地理志也。其制以木为圆球,七分为水,其色绿,三分为土地,其色白。画江河湖海,脉络贯串于其中。画作小方井,以计幅圆之广袤、道里之远近。"①

"苦来·亦·阿儿子",为阿拉伯语 kurah 'arz 的波斯语读法 kura-i 'arz 的元代汉语音译,意为"地球"。其中"苦来"(kura),意为"球、苍穹"。"苦来,亦"(kura-i),此言"……的球"。"阿儿子"('arz),意为"陆地、土地、国家"。"苦来·亦·阿儿子"(kura-i 'arz),此言地球仪。元代尚无"地球仪"之称呼,故译为"地理志"。这个地球仪以木制成,当时已经知道地球上水与陆地大致为 7:3 之比。此地球仪上将陆地以绿色标出,将海洋绘为白色,还绘出经纬线和江河湖海。绘制时以一定的比例尺表示"幅圆之广袤、道里之远近",可见与现代地球仪相去不远。

这种以经纬度表示某一地点在地球上的位置的方法,在元时传入中国。元代大量收藏在官府的回回科学书籍普通百姓并无机会接触。1368 年明军攻入大都,收元廷府藏席卷而至集庆(南京)。明太祖理政之暇,浏览元廷藏书时发现,其中有数百种西域图书,字异言殊,无法阅读。遂召回回属臣马沙亦黑等人次第译之。洪武年间刊

---

① 《元史》卷 48《天文志》"西域仪象",中华书局点校本,第 999 页。

行于世，其中有一部即为《回回天文书》，此书第一类第十五门《说三合宫分主星》提到："但是有人烟、生物之外，亦分作四分。从中道上纬度往北分起，至纬度六十六度处止。经度自东海边至西海边，一百八十度。经、纬度取中处：纬度三十三度，经度九十度。东西南北共分为四分。但是地方纬度三十三度以下、经度九十度以下者，此一分属东南；若纬度三十三度以下、经度九十度之上者，此一分属西南；若纬度三十三度以上、经度九十度以下者，此一分属东北；若纬度三十三度之上、经度九十度之上者，此一分属西北。"①

"中道"，即赤道。这里就是说，以赤道为南限、北纬66度为北限，自西太平洋的东海之滨至大西洋的西海之滨的欧亚非三大陆分为180经度。取北纬33度和经线90度为坐标原点（其位置当位于今西藏奇林湖一带），分为东北、东南、西南和西北四片。这部回回著作的译本向汉地学者介绍了希腊地理学的经纬度学说，及欧、亚、非旧大陆赤道以北区域的地理划分。

《回回天文书》虽然译成了汉文，但其有关世界地理的观点并未引起当时中国学术界的重视。与此相反，穆斯林科学在入华的回回人心目中却占有重要地位。少数勤于钻研的回回学者在研习伊斯兰教的同时，也接受了大地球形说。今能见到的是清康熙年回族学者刘智在其著作《天方性理》和《天方典礼》中对地圆说的阐述。他在《天方性理》中说："地者……其体浑圆而位于空中之中央，周九万里。"这是说他意识到大地悬在宇宙之中，其形如球。他还知道地球的周长。

在《天方典礼》中，他又引述《天方舆地经》曰："地为圆体如球，

---

① 《回回天文书》，上册，叶22a。

乃水、土而成。其土之现于水面而为地者,盖球面四分之一也。……又自东至西作一直线,距南北极等,为地经中线。"刘智进一步给出陆地与水分别占据地球表面面积的比例。至于赤道,刘智译为"地经中线"。

上述《天方性理》和《天方典礼》两书所反映的并不是刘智本人的创见。刘智在《天方典礼》就明言他引述的是一部名为《天方舆地经》的记载。查考刘智的两部著作,可发现刘智共列出参考书目八十余种,其中属穆斯林地理著作的有如下几种:

《查米尔·必剌地》,名见《天方性理》所列参考书目之第 27 种,应为阿拉伯文 Jami' al-Bilad 之清代汉语音译,意为"诸国全集"。刘智意译为《天下方域》。其中"查米尔"(Jami'),意为"集、汇集";"必剌地"(al-Bilad),意为"地区、方域"。

《海亚土·额噶林》,名见《天方性理》及《天方典礼》两书所列参考书目第 28、43 种,应为阿拉伯文书名 Hay' at Aqalim 之清代汉语音译,意为"诸国形象"。其中"海亚土"(Hay' at),此言"形象、形状、天文学";"额噶林"(Aqalim)为"国家、地区"(aqlim)之复数。刘智意译作《七洲形胜》。"七洲",是以希腊地理学家托勒密为代表的古代西方学者对当时所了解的世界的区划,指东半球从赤道到北极间的地区,也即今非洲埃塞俄比亚以北地区和欧、亚大陆,阿拉伯人接受了这一学说。刘智在《天方性理》卷 2 中,具体地引述了阿拉伯人所谓七洲的名称:阿而壁(阿拉伯)、法而西(波斯)、偶日巴(欧罗巴)、赤尼(中国)、细尔洋(叙利亚)、欣都斯唐(印度)和锁当(苏丹)。

《默拿集理·必剌地》,名见《天方性理》所列参考书目第 28 种,应为阿拉伯文书名 Manazil al-Bilad("诸国站途")之清代汉语音译。

其中"默拿集理"(Manazil),意为"站、停留处";"心剌地",意为"地区、方域"。刘智意译为《坤舆考略》。

《哲罕·打尼识》,名见《天方性理》所列参考书目第22种,应为波斯文书名 Jahan Danish("世界之知识")之清代汉语音译。其中"哲罕"(Jahan),意为"世界",明《回回馆杂字·地理门》有"者哈恩"(Jahan),旁译"世",即此字;"打尼识"(Danish),波斯语,此言"知识、学识"。刘智意译为《环宇述解》。这应是一部阿拉伯文著作的波斯文译本。

回回人因为宗教信仰的关系,对伊斯兰教起源地的地理特别注意。刘智《天方典礼》所列参考书目第38种《克尔白·拿默》,此名应为波斯文书名 Ka'aba Nama("天方志")的清代汉语音译。其中"克尔白"(Ka'aba),意为"天方、四方形建筑物",又特指天房;"拿默"(Nama),此言"笔记"、"信"、"志"。刘智意译为《天房志》。此书与刘智在《天方典礼》中引述的《天方舆地经》是否为同一部书尚有待研究。

刘智生活的时代虽然晚于郑和,他所使用的上述穆斯林地理著作,元、明两代应当已在回回学者中流传。元、明熟读波斯文、阿拉伯文地理的回回学者中杰出者显然知道大地球形说,刘智不过是他们的继承者而已。

西亚穆斯林学者虽然接受了大地球形说,但西亚穆斯林诸国当时经济长期停留在中世纪的水平,社会发展水平的限制使西亚穆斯林地理学界未能在古希腊、罗马科学的基础上继续向前突破。郑和本人是穆斯林,其船队中亦有回回人充任通事等职,他在远航时理当对穆斯林地理学有所注意。

(三) 回回图子与刺那麻

成吉思汗及其后裔创造的蒙元帝国辽阔的疆域,极大地拓宽了中原人的地理视界,丰富了中国的地理知识。按元人自己的说法就是"皇元混一声教,无远弗届。区宇之广,旷古未闻","中国之往复商贩于殊诞异域之中者,如东西州焉"。① 地跨欧亚的大帝国建立后,绘制帝国疆域全图的工作就提上了议事日程。

欲完成此项工作的必要条件是收集当时的中外图籍。宋元时代,汉地与穆斯林世界分别是制图术最为发达的地区,所以汉地舆图与回回图籍是元政府收集的重点。阿拉伯人在 8 世纪建立了地跨欧亚非三大洲、疆域空前的大帝国。阿拔斯王朝时代,回回地理学得到极大的发展,地理著作层出不穷,所记西尽大西洋东岸、东达日本、南越赤道。回回人所积累的地理资料,是人类宝贵的科学财富。这些知识虽然在宋时已经回回舟师之手万里迢迢传到中国,但尚未引起学术界的重视。只是到了元代,回回地理图籍的内容才大量被介绍到中华。

前人图籍汇总后,还要对各种地图的方位、比例、地名加以鉴别,然后在拼合的基础之上重绘。至元二十二年(1285),元政府"乃命大集万方图而一之,以表皇元疆理无外之大"。这就是说,元政府组织学者,汇集天下"万方"的图册,编成一部元帝国疆域图,以显示元朝旷古未有之版图。

受命负责绘制元帝国全图的是在秘书监任职的著名的回回天文、地理学家札马剌丁。他除了在汉地进行星历科学研究以外,还倡

---

① 汪大渊:《岛夷志·后序》,《〈岛夷志略〉校释》,第 385 页。

导并参与了编绘包括钦察汗国、伊利汗国、察合台汗国以及元政府直辖地在内的整个元帝国地图的工作,他是一位对促进当时中外文化交流有很大贡献的人物。他的母语是波斯语,不识汉文,所以元政府专门为他配备了翻译人员。[①] 札马剌丁于至元二十三年(1286)上奏:"方今尺地一民,尽入版籍,宜以为书以明一统。"札马剌丁计划在这部书中囊括一幅元朝全图,把汉地的图与回回舆图拼接起来。

在此之前负责为兵部收集地图的职能部门是中书省。但中书省收集得并不完全。此外,蒙古帝国建立后,行政区划与前朝发生不少变化。秘书监接管此事后,下令各地官府呈上当地的舆图。为此,札马剌丁专门向元世祖忽必烈奏报,要求收集各朝地图的地理论著,还要求各路呈送有关当地行政区划、"野地、山林、里道、立堠"的图籍资料。在元朝本土,征集各地舆图的工作一开始进行得很缓慢。元政府一再通知各地方当局重视此事,迅速呈报。这样元秘书监收集了汉地传统舆图四五十余种。但要在舆图中涵括回回地区,即中亚、西亚甚至欧洲,没有伊斯兰世界的资料是不行的。

收集完资料之后,札马剌丁向元世祖奏报:"在先汉儿田地些小有来,那地里的文字册子四五十册有来。如今日头来处,日头没处,都是咱每的。有的图子也者,那远的他每怎生般理会的?回回图子我根底有,都总做一个图子呵。"这就是说,札马剌丁和他的同僚们汇集了汉文地图四五十种,此外还有边远地区的回回图子,即西域穆斯林地图。当时从事海外贸易的回回多聚居在福建沿海。秘书监专门向福建行省行文,要求福建当局向泛海行船的回回人调查,看是否有人识"海道回回文剌那麻"。"剌那麻"即波斯语 rah-nama 的音译,

---

[①] 王士点:《元秘书监志》,高荣盛点校本,浙江古籍出版社,1992年,第28页。

意为"行路指南",①即地理志一类的图籍。秘书监要求福建当局将调查的情况向中书省呈报。

除了要大量收集汉地与伊斯兰世界的舆图资料之外,札马剌丁还面临着理论上的困难。汉族传统上是采用方格法画图,因古人相信天圆地方;而回回人使用圆形地图,并接受了古希腊人的大地为球形的概念,双方差异很大,要把它们纳入一个体系,特别是纳入中国传统的方格体系,绘制一幅从"日出处"(东方)直至"日没处"(西方)的地图是一件不容易的工作。札马剌丁的地图没有传下来,但从1330年成书的《经世大典图》和《元史·地理志·西北地附录》收录了钦察汗国、伊利汗国和察合台汗国的许多地名可以推测此图的规模。

此图原已佚,目前所见者系魏源从《永乐大典》中录出,刊于所撰《海国图志》中。《经世大典图》系一种方格图,按中国传统式样计里成方绘成。其方向与今日地图亦不同。现代地图之西北方,为《经世大典图》之南方;而现代地图之东南方,则为《经世大典图》之北方。换句话说,其方向与今日地图相较,逆时针旋转了约135度。其图东起沙州界,沙州之西的塔失八里(按,即元代塔失所在地)和柯模里(Qamul,哈密立,今之哈密)绘在元朝境内,察合台汗国在此图中称为"笃来帖木儿所封地",伊利汗国称为"不赛因所封地,即驸马赛马尔罕之祖",钦察汗国则称为"月祖伯所封地,即太祖长子术

---

① 陈得芝:《元代海外交通与明初郑和下西洋》,刊于《郑和下西洋论文集》,南京大学出版社,1985年,第199页。

赤之后"。①

全图东起河西走廊之沙州,北至锡尔河下游之毡的和伏尔加河中、下游之不里阿耳(Bulghar),西北至阿罗思(Russ,即俄罗斯的蒙古语读音 Orus 的音译),西至的迷失吉(Dimashq,即大马士革)和迷思耳(Misr,即埃及),西南至八哈剌因(今波斯湾之巴林),南至天竺。共计包括了今中国西北,中亚哈萨克斯坦、吉尔吉斯斯坦、塔吉克斯坦、乌兹别克斯坦和土库曼斯坦五国,俄罗斯,高加索诸国,伊朗,伊拉克,埃及,波斯湾诸国,阿富汗,巴基斯坦,印度等。这幅图覆盖地理范围之广是空前的,在中国古代制图学史上占有重要地位,反映了随着元代中西交通的扩展,中国人地理知识的飞速增长。

《元史》卷63《地理志·西北地附录》收有元代西北三藩的地名,少数地名之后有简短的说明,说明文字偏重于元代历史。其中察合台汗国的地名37个,附于笃来帖木儿汗名下;钦察汗国的地名共10个,附于月祖伯汗(即月即别)名下;伊利汗国的地名45个,附于不赛因汗名下。将《西北地附录》与《经世大典图》相核对可以发现,明人编修《元史·地理志·西北地附录》时,所利用的就是《经世大典图》的稿子。

编修《经世大典图》的汉、回回地理学家们肯定仔细地钻研过以希腊地圆说为基础的回回地理学与中国传统地理学的异同。

明代郑和本人和他船队中的许多重要人物都是回回人,他们的祖先来自遥远的西域。有不少人在入居汉地后,还经常往来于东西之间,或奉使,或经商,或朝圣。在他们的旅途中,回回图子必定起着

---

① 从其中成吉思汗称为"太祖",可知原图必为元代所绘。而"即驸马赛马尔罕之祖",意即撒麻耳干帖木儿驸马之祖。此句必为明人所加。不赛因为旭烈兀后裔,帖木儿并非成吉思汗后裔,故不赛因不是帖木儿之祖。

不可低估的作用。即便是郑和的船队中,想必也携有"海道回回文剌那麻"一类的海图。

(四)《大明混一图》与《混一疆理历代国都之图》

在北京第一历史档案馆中藏有一幅明初绘制的绢绘本巨型世界地图(含欧亚非三大陆),题为《大明混一图》,长3.47米,宽4.53米,学者考定其绘制时间为洪武二十二年(1389)。其地理覆盖范围包括全部旧大陆,即亚、欧、非三大陆,具体来说东起日本,北达西伯利亚,西抵大西洋,南至非洲南部的好望角。

1640年清军入关后,此图落入清政府手中。在清代有人将此图上所有汉文地名转写为满文,写成小纸条,贴在汉文地名之上。从图中域外地名的汉文译音看,遵循的是元代音译的规律。因此,多数学者认为其原图是一幅元代世界地图,或取材于元代材料。

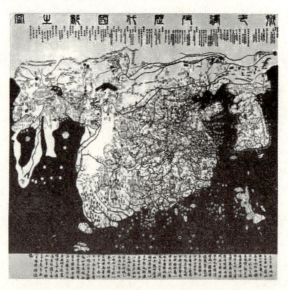

图15　混一疆理历代国都之图

此图很早就流传到朝鲜与日本。传入朝鲜的最初称为《明国图》。1404年朝鲜学者权近与李荟以《明国图》为基础,绘成《混一疆理历代国都之图》,其基本形制同于上述《大明混一图》,只是朝鲜部分更为详细。今韩国首尔的奎章阁所藏为据日本京都龙谷大学绘本摹写的副本。1599年日本侵略朝鲜时,从朝鲜宫中掠取了《明国图》。而权近与李荟摹绘的《混一疆理历代国都之图》也通过种种渠道传入日本。因为《明国图》(即《大明混一图》)与《混一疆理历代国都之图》带来了前所未有的海外地理知识,故而此后在日本不断有人摹绘。因此在日本宫内厅、京都龙谷大学、九州水原寺等处,都能找到《明国图》与《混一疆理历代国都之图》的绘本。

在《大明混一图》出现之前,世界上从未有过一幅地图正确地画出欧亚非三个旧大陆的整体形状。

与此图形成对照的是摩洛哥地图学家亦得里昔(al-Idrisi)1154年为西西里(Sicily,宋代赵汝适在其《诸蕃志》中称为"斯加里野")国王罗杰(Roger)所绘制的圆形世界地图。

亦得里昔地图的地理范围也覆盖欧亚非三大陆,在地理方位中继承了古希腊地图的传统,南北与今天的地图相反。其最明显的特点是,非洲的南端向东拐去,印度洋被包围在非洲与东亚大陆之间,如同地中海被包围在欧洲与非洲两大陆之间一样。这种对非洲大陆的错误

图16 国王罗杰所绘的圆形世界地图

认识,在欧洲人与伊斯兰世界延续了上千年之久,从古希腊时代直至文艺复兴以后,直至15世纪葡萄牙人开始大航海以后才得以纠正。

《大明混一图》是人类历史上第一次正确地绘出了非洲大陆的形状,表明元代的世界地理知识是世界上最先进的。这也是郑和远航最重要的地理知识背景。

五、往来东西的海外旅行家

(一) 海外旅行家

元代东西交通大开,循海路往来于中国与世界各地的人越来越多。在这些旅行家中,有许多人在历史上留下了他们的名字。其中最为著名的外国人有好几位。

1. 不阿里

元代另一位著名的回回海商是马八儿人不阿里(Abu 'Ali)。不阿里原名撒亦的(Sa'id),祖籍西域哈剌哈底。① 其祖先是专营波斯湾与南印度贸易的回回海商。他一家于宋末离开故土,移居西洋,即印度南部东南岸之马八儿,以贾贩为生,积累了大量财富。撒亦的之父名不阿里,受到马八儿国王五兄弟的信任,被称为"六弟"。马八儿国王习惯于以其父亲名字"不阿里"称呼他,而他的本名撒亦的反而不大为人所知。

不阿里的家族居于印度南端,亲见目睹了东亚的宋朝与西亚的黑衣大食这两个强大一时的政权竟被蒙古人消灭。印度的回回海商

---

① 即今阿曼东南角之故城 Qalhat 遗址。哈剌哈底为 Qalhat 之音译。

无论赴波斯湾,还是到中国贾贩,都必须与蒙古当局打交道,感到极为震动。为保护他自己的海外商业利益,他自作主张派出一名回回人札马剌丁入元朝贡,此外还向远在波斯的蒙古伊利汗阿八合、哈散遣使通好。凡元廷或伊利汗国的使臣航海往来途经马八儿时,不阿里均为之准备舟楫,补充给养。不阿里私下向元朝遣使的做法,引起了马八儿统治者的不满。他们抄没了不阿里的家产,甚至准备处死他。不阿里以诡辞狡辩方得免。

不阿里在海外为蒙古政权效力的事迹,由航海往来于途的元朝使臣传到元世祖忽必烈那里。至元二十八年(1291),元廷命使臣别铁木儿等人携诏书赴马八儿召不阿里入元。不阿里舍弃家产,率百名随从来到中国。因不阿里在马八儿曾被其国王称为"六弟",故入元后以马八儿王子自居。后来不阿里逝于福建泉州。①

2. 马可·波罗(Marco Polo,1254—1324)

马可·波罗1254年生于意大利威尼斯(Venice)的一个商人家庭。其父尼科洛和叔父马泰奥都是商人。马可·波罗幼时,其父亲和叔父到东方经商,来到元大都(今天的北京)并朝见过元世祖忽必烈,还带回了世祖致罗马教皇的信件。1271年,马可·波罗17岁时,其父亲和叔父带着教皇的复信再次赴中国,马可·波罗随行,途经中东、中亚与新疆,历时四年多来到中国,在中国游历了17年。1292年,因波斯的蒙古宗王妃子去世,1292年元世祖下令选取女子阔阔真送赴波斯成婚,马可·波罗一家随行。同年深秋,他们从泉州乘元朝官船启行,历经南海、印度南部、斯里兰卡、阿拉伯海进入波斯

---

① 刘敏中:《不阿里神道碑铭》,《中庵集》,卷4,北京图书馆古籍珍本丛刊,书目文献出版社,册92,第302—305页。

湾,在波斯登陆。马可·波罗归国所行的路线,几乎就是一百余年后郑和和他率领的宝船队的主要航线。

1295年,马可·波罗一家回到了阔别二十四载的亲人身边。他们从中国回来的消息迅速传遍了整个威尼斯,他们的见闻引起了人们的极大兴趣。他们从东方带回的无数奇珍异宝,使他们一夜之间成了威尼斯的巨富。1298年,马可·波罗参加威尼斯与热那亚的战争被俘。在狱中他遇到了作家鲁思梯谦,于是便有了马可·波罗口述、鲁思梯谦记录的《马可·波罗游记》(又名《东方闻见录》)。

《马可·波罗游记》激起了欧洲人对东方的热烈向往,对以后新航路的开辟产生了巨大的影响。同时,西方地理学家还根据书中的描述,绘制了早期的"世界地图"。在1324年马可·波罗逝世前,《马可·波罗游记》已被翻译成多种欧洲文字,广为流传。现存的《马可·波罗游记》有各种文字总计119个版本。《马可·波罗游记》把中国介绍给了西方,它不仅是一部单纯的游记,而是启蒙式作品,对于闭塞的欧洲人来说,游记向他们展示了全新的知识领域和视野,导致了欧洲人文科学的广泛复兴。后来欧洲人的大航海的动因之一,就是被马可·波罗所描述的东方所吸引。

3. 伊本·白图泰(Ibn Battuta,1304—1377)

伊本·白图泰是摩洛哥丹吉尔城人,伊斯兰教教徒。1325年,离乡赴麦加朝圣,后决意周游世界。数年中,曾三至麦加,并游历了波斯、阿拉伯半岛和非洲东岸各地,曾至伊利汗国。1332年,经西亚、中亚各地旅游后于1333年秋抵印度河,至德里,在那里留居约八年。

1342年,元顺帝遣使臣至德里通好,德里算端(苏丹,即国王)命伊本·拔图塔率领使团随同元朝使臣回访中国。使团起航后,遇风漂没,伊本·拔图塔未及登舟,得免于难。元朝使臣脱难后搭本国商船回国。伊本·拔图塔因失去随员、礼物,不敢回德里复命,在外辗转两三年后,才抵泉州。他在中国南至广州,北上杭州。后来从泉州乘船西还,于1347年到达印度,再途经阿拉伯半岛东岸、波斯湾、报达(即今巴格达)、叙利亚、麦加后返国。1349年底伊本·拔图塔抵摩洛哥都城非斯。此后他又去西班牙和中非、西非各地旅行。1354年,奉摩洛哥国王之命回到非斯,口述其旅行见闻,由国王所派书记官伊本·术札伊用阿拉伯文笔录,著为旅行记一书。拔图塔行踪几乎遍及元帝国全境,对所到之处都有详细记述,其中国行记部分记载了泉州、广州、杭州及所经沿途各地状况,尤详于这些地区的穆斯林情况;对中国与印度、波斯湾和阿拉伯交通、贸易往来,也有不少极可贵的记载。

由于卷帙浩繁,此书一直以节本流传,有多种欧洲文字译本。19世纪中,法国人在摩洛哥发现其全文手稿,由德弗列麦里等校勘并译为法文,分四卷出版(巴黎,1853—1858)。吉伯据此本译为英文,作了详细注释(剑桥,1956—1971,未完)。张星烺《中西交通史料汇编》据玉尔《契丹及通往契丹之路》一书中的英文摘译本,译出了一部分关于中国的内容。近年,马金鹏将埃及出版的阿拉伯原文本译为汉文(《白图泰游记》,宁夏人民出版社,1985),为全译本,但错误较多。

4. 回回人的朝圣旅行

按照伊斯兰教的规定,一个穆斯林在条件许可时应当赴圣地麦加(天方、天房)朝一次圣。伊斯兰教传至旧世界各地后,各国的穆斯林均保持了这一风俗,每年都有成千上万的各民族穆斯林通过各种途径赴麦加朝圣。在蒸汽机没有发明之前,没有铁路与轮船。对于生活在中国这样遥远的东方的穆斯林来说,赴天方朝圣是一件极为不容易的事情。但仍有虔诚的穆斯林不辞千辛万苦,沿陆路或海路往来于天方与汉地之间。完成朝圣壮举的穆斯林是极为荣耀的,被称为 Hajj,在当时的汉语中译称为"哈只"(今称为哈智)。

郑和的父亲与祖父都称为"哈只",足见其父祖两代人都曾经赴天方朝圣。云南赴天方朝圣通常是从缅甸出境,再登船经孟加拉湾,绕过印巴次大陆,进入阿拉伯海,进入波斯湾或红海,至天方。回回人往返于海湾与东亚的航行使西太平洋与印度洋之间的航道变得更为知名。

(二) 遥远的马合答束与刁吉儿

在元《经世大典·站赤》中,保留了如下记载:

> [大德五年十二月](1301年末至1302年初)江浙等处行中书省言:杭州路在城驿,近承接使臣答术丁等,钦赍圣旨悬带虎符,前往马合答束番国征取狮豹等物,往回应付二年分例……;又爱祖丁等使四起,正从三十五名,前往刁吉儿取豹子希奇之物,往回应付三年分例。(《永乐大典》卷19419,页7220)

这里提到的"马合答束番国",即今索马里首都摩加迪沙,郑和时代的资料称之为"木骨都束"。元使臣答术丁前去的目的是购买狮、豹等名贵动物,由于路途遥远,需要预支二年差旅费用;而前往刁吉儿的使臣爱祖丁使团一行为的是取豹子等物,全团计正使随员共37人。他们所需预支的钱比前往马合答束(摩加迪沙)的使团更多,要准备三年花费,可见其路途更为遥远。刁吉儿应当就是摩洛哥航海家伊本·拔图塔的故乡丹吉尔,位于地中海南岸。爱祖丁的使团是从红海西岸登陆至地中海再乘船前往刁吉儿,还是由海路绕过非洲南部经直布罗陀海峡抵其地,尚不得而知。

以上所述证明,明初郑和航海不是偶然发生的。其直接的基础便是蒙元时代的海上活动。

六、为什么发现新大陆的不是中国人?

人们也许会问,在欧洲人开始大航海之前,中国已经取得了这样辉煌的航海成就,为什么后来发现新大陆的是欧洲人而不是中国人?

我的回答是:

第一,古代中国的科学成就尽管伟大,但大体上局限于技术领域,偏于实用性。就地理学而言,始终没有如同古希腊人那样,认识到大地是球形的,更没有计算出大地的曲率。古希腊的地理学是建立在大地球形的基础之上的。古希腊学者亚里士多德对大地球形说作了有力的论证。他认为球形是对称的、完美的,由于压力大的组成块体将自然地落向中心,因而将大地压成球形。他指出在月食时,地球的阴影是圆形的。此外当观察点向南或向北移动相当距离后,会发现北极星出地高度有所变化。这些都证明大地是球形的。

希腊学者厄拉多塞内斯(Eratosthenes,前3世纪上半叶至前2世纪初)发现,在夏至这一天正午时分,太阳恰好直射进塞恩(即今埃及阿斯旺)的一口井底,而在其之北的亚历山大城(Alexandria),这一天正午时分测得太阳在天顶的仰角为圆周的1/50,即7度20分;而塞恩与阿斯旺两城的纬度差也恰为7度20分。于是厄拉多塞内斯断言,地球的周长相当于塞恩与亚历山大之间距离(5000希腊里)的50倍,即25万希腊里,相当于今39600公里。厄拉多塞内斯的天才方法所测得的地球周长,达到了相当高的精确度。

而我国传统的天地观分"盖天"与"浑天"两说。"盖天"说认为"天圆如张盖,地方如棋局"①,就是说天穹像一口倒扣的锅,而大地如同横平竖直的棋局。《周髀算经》对"盖天"说又作进一步解释说:大地是每边长八十一万里的正方形,天顶的高度是八万里,向四周下垂,大地静止不动,日月星辰则随天穹旋转,"盖天"说虽详见于《晋书》,屈原在《天问》已对"盖天"说提出许多疑问,可见"盖天"说在中国久已有之。"盖天说"可形象地表述为"天圆地方",其最致命的漏洞是,与球体与平面相交的轨迹是一个圆的事实(初中几何)相矛盾。后来"盖天"说经过改进,又修定为"二次盖天"说,认为"天象盖笠,地法复盘",大地最高处是北极天垂线的垂足,天和地都是中间凸起的,其相互位置如同两个平行的拱面。②"二次盖天"说最精要之处,即认为大地是一个圆弧面。

"浑天"说详见于东汉张衡的《浑天仪》。张衡提出:"浑天如鸡子。天体圆如弹丸,地如鸡子中黄,弧居于内。天大地小,天表有水。天之包地,犹壳之包黄。"这里把宇宙比喻为鸡蛋,而大地则如同蛋黄。

中国传统的导航术和丰富的海外地理知识,若能以科学地理学的原理提高,与上述"浑天说"结合起来,引导中国的世界地理进一步发展,并非不可能产生大地球形说。但古代中国地理学并未向这个方向发展,这就限制了中国人发展航海的能力。古代中国科学家难道不知道世界上有一种大地球形说吗?前已提及,希腊科学中的大地球形说在元代曾通过伊斯兰文化的中介传入中国,但知晓的范围非常狭小,并没有成为中国地理学家的共同知识。换言之,中国古

---

① 《晋书·天文志》。
② 同上。

代航海虽然发达,但中西海外地理观之间的根本差异,限制了中国人探索海外未知区域的好奇心。

第二,古代中国没有国家出资支持的科学探索活动。古代中国国家主导的大规模航海活动的目的性是非常清楚的,不是海外军事征服,如元世祖至元成宗时代的征日本、征占城与爪哇,就是出使通好,其活动基本在已知海域。而文艺复兴以后,无论达·伽马,哥伦布,还是麦哲伦,他们都是在世俗君主的支持下,从事探索未知地理世界的活动。这种活动是一种冒险,有成功的可能,也可能失败。但资助方——国家支持这种冒险。而这种探索式的远航活动,在古代中国是不存在的。

这就决定了"地理大发现"这样划时代的科学发现,并非由具有悠久远航传统的中国人,而是由欧洲人来完成的。

那么,难道中国对"地理大发现"这样的划时代的科学发现就一点贡献也没有吗? 我想,这里面应当包含着中国科学间接的贡献。设想一下,如果没有磁罗盘的发明,15世纪欧洲人的帆船能否具备在水天一色、茫茫无际的大海中跨越大洋的能力吗? 如果没有火炮的发明,特别是将火炮置于浮行的船上,两三艘单帆只影的帆船敢于远航他国,踏上凶险未知的海岸吗? 因此可以说,地理大发现,是一种在中国的磁罗盘、火炮与欧洲大地球形说等既有科学成就基础上、由国家出资的海洋探索活动的结果。

因此,讲到这里,我要用一两句话来结束这个讲座:那种认为在近代资本主义发展起来之前,古代中国一直领先于世界的想法是片面的。不但古代中国与其他距离遥远的文明中心之间的知识交流一直没有中断过,而且文艺复兴以后欧洲科学急速发展也是基于此前人类科学知识的积累,其中也包括间接传到欧洲的中国科技成果。

早期经济全球化进程中的中国

李伯重

可能有人觉得很奇怪,经济全球化怎么会是历史的题目呢?因为经济全球化是现在的事,而历史是过去的事,所以怎么会是历史呢?在我国,一直到争取加入WTO的时候,大家才讲到经济全球化,而中国加入WTO也才那么几年,怎么会扯到明清呢?因此有人可能会感到这个题目是不是有点太离谱了?

在这个讲座中,我首先要谈谈什么是经济全球化的,然后谈明清中国的"闭关自守"的问题。过去对明清历史的一个共识是"闭关自守",但是许多共识都是在某一种认识水平和某一个时代主流观点影响下产生的。随着时间变化,我们的看法往往会有很大的变化。因此过去的很多共识,今天可以说已经过时了。例如过去认为中国经济在过去几百年中一直是衰落或者停滞,而今天我们认为可能有相当的增长。其次,我们还要看看中国经济的变化与外部环境有什么关系?外部环境的变化对中国经济有什么影响?最后,我们再看看几百年中国经济进入全球化到底要处理哪些主要的关系。

一、引言:什么是经济全球化?

经济全球化是今天大家都在说的一个话题,但什么是经济全球化?却少有人关心。我们都习惯在喊口号的时候不对这些口号下定义,但是因为各人理解不同,所以任何一种外来的学说和想法到了中国之后,就会产生出无数的变种。因此,这里我们先要说说什么是经济全球化。而要了解什么是经济全球化,又必须先了解什么是全球化。

"全球化"是当今国内外学术界使用频率最高的术语之一,也是当今国际社会科学领域研究的重要课题。正如沃特斯(M. Waters)所说:"就像后现代主义是80年代的概念一样,全球化是90年代的概念,是我们赖以理解人类社会向第三个千年过渡的关键概念。"然而,"全球化"一词究竟是何人、何时创造的,则很不清楚。以下,我主要依据文军的考证,对此做一简要说明。

有学者认为,"全球化"一词最早是莱维特(Theodore Levitt)1985年在其《市场的全球化》一文中提出的。也有学者指出"全球化"(英语为Globalization)一词在英语词典中首次出现的时间为1944年,而与之相关的"全球主义"(Globalism)则是1943年问世的。据全球问题研究专家丘马科夫考证,在"词源学上,'全球性的'这一术语源自拉丁语'地球'"。如果我们把当代全球性问题的研究看作是"全球化"研究的开始,那么它应当始于1960年代末、1970年代初"罗马俱乐部"有关全球问题的研究报告。到了1980年代后期以来,"全球化"一词成为了国际社会科学界使用频率最高,也是内涵界定分歧最大的概念之一。哈佛大学商学院从事全球化教学多年的洛奇

(George C. Lodge)说:"全球化的概念是如此广泛、深奥、模糊而神秘,以至于像我这样的学术界人士往往会通过现有的经济学、政治学或社会学等专业来分别探讨它所涵盖的内容。"

"全球化"一词出现后,被广泛使用于社会科学各学科。但是用得最多的学科是经济学。在许多经济学家的眼中,全球化似乎就是指世界经济一体化。而"经济一体化"这个概念是经济学家丁伯根(Jan Tinbergen)在1951年首次提出来的。他在其论著《国际经济一体化》中详尽和系统地解释了世界经济一体化的现象,并指出:"经济一体化就是将有关阻碍经济最有效运行的人为因素加以清除,通过相互协调和统一,创造最适宜的国际经济结构。"1962年巴拉萨(Bela Balassa)在《经济一体化理论》中对经济一体化作了更广泛和深入的分析,认为"一体化既是一种进程,又是一种状态","经济一体化就是指产品和生产要素的流动不受政府的任何限制"。

在大多数经济学家看来,全球化是指世界经济发展的一种趋势,在这种趋势中,最为显著的特征就是国际分工体系中的垂直分工愈来愈让位于水平分工,资本、商品、技术、信息等在国际间的流动越来越迅速,资本的配置也越来越超出国家的范围而向全球扩展,不同国家之间的相互依存度越来越高,出现了"你离不开我,我离不开你"的相互依赖局面。在这一进程中,各国的生产和金融结构越来越多地跨国界联结在一起,构成一种国际劳动。在这一分工中,一国创造的财富越来越依赖于其他国家的经济状况。因此,全球化是经济一体化的最高阶段。国际货币基金组织在1997年发表的《世界经济展望》中,对"经济全球化"下了如下定义:"全球化是指跨国商品与服务交易及国际资本流动规模和形式的增加,以及技术的广泛迅速传播使世界各国经济的相互依赖性增强。"不过,我认为最为简明扼要的定义是阿达(Jacques Adda)所给出的:全球化就是形成一个统一的和唯一的全球市场,亦即全世界形成一个统一的市场,遵循共同的游戏规则,同时在这个市场之外没有另外一个市场。如果全球所有的经济都进入了这个统一的和唯一的市场,经济全球化就达到了。

在我国,直到参加 WTO 的时候,全球化这个词才用得多起来,所以给很多人造成一个错觉,认为全球化是最近几年的事。实际上,像经济全球化这样重大的历史事件,绝不是最近才出现的,而是一个长期发展的结果。这个发展到现在也远远没有完成,没有达到全球化的终点,因为现在还没有形成这样一个市场。现在还有一些国家还没有参加 WTO,而一些参加了 WTO 的国家如中国和很多发展中国家,还可以在一定时间和一定范围内享受程度不同的优惠。有优惠,也就是还没有达到统一,因为从理论上来说,给一些国家优惠就是对其他国家的不公平。

二、早期经济全球化:中国扮演了何种角色?

经济全球化开始于什么时候呢?大多数经济史学家认为是开始于15世纪末的地理大发现。自此以来,已有五个世纪。我们在这里说的早期全球化,指的是从15世纪末到19世纪末的这四个世纪。在中国历史上,这也就是从明代中期到清代末期。到了20世纪,经济全球化的情况发生了重大变化,因此可以称为全球化的后期阶段。

地理大发现对世界经济起了极其重大的作用,其中之一是把当时世界上几个主要的经济中心逐渐地连起来。所以全球化开端于此。经济全球化与资本主义兴起有密切关系,彼此既互为原因,又互为结果。经济全球化一直是以西欧和西欧的衍生物北美为主导,一直到最近几十年日本兴起和中国更进一步兴起之后,局面才有所改变,所以阿达说:"全球化经济诞生于欧洲,开始于15世纪末,是资本主义兴起的原因与结果。近几十年来以一体化体制出现的世界经济,来源于一个欧洲的经济世界,或者说是一个以欧洲为中心的经济世界。倘若没有日本的有影响力的发展,没有中国令人瞠目结舌的苏醒,人们还将今天的世界经济视为欧洲经济世界的延伸。"虽然东亚在全球化过程中正在起着越来越重要的作用,但是至少到今天为止,经济全球化还是一个以西方为主导的进程。也正是因为如此,我们还是不得不按照由西方(特别是美国)制定的规则(即 WTO 的规则)办事,不然的话就不要谈经济全球化,就不能够享受到全球化所带来的各种好处。

年鉴学派领袖布罗代尔(Fernand Braudel)认为"世界经济"延伸到全球,形成"全世界市场"有一个漫长的过程,"由于15世纪末的地理大发现,欧洲一鼓作气地(或几乎如此)挪动了自己的疆界,从而创造了奇迹"。"世界体系"理论的提出者沃勒斯坦(Immanuel Wallerstein)也认为:16世纪,随着资本主义生产方式的发展,开始以西北欧为中心,形成"世界性经济体系",它是崭新的"世界上前所未有的社会体系"。基欧汉(Robert Keohane)与奈(Joseph Nye)则在《全球化:来龙去脉》一书中指出:"全球性因素是指世界处于洲际层次上的相互依存的网络状态。这种联系是通过资本、商品、信息、观念、人员、军队,以及与生态环境相关的物质的流动及其产生影响而实现的";"我们认为,全球性因素是一种古已有之的现象。而全球化,不论过去还是现在,都是指全球因素增加的过程"。

这里我要强调的是,经济全球化虽然是欧洲带头的,但是这绝不意味着世界其他部分在经济全球化的发生和发展中是处于消极被动,只是到了欧洲人到来后才被卷入经济全球化的。相反,欧洲之外的许多地区,特别是亚洲,在经济全球化的出现和发展过程中,也起了非常重要的作用。

早在欧洲人到到之前,亚洲的海上国际贸易已有长久的历史。15世纪欧洲人来到印度洋和西太平洋海域时,这个广大地区的海上贸易已颇为兴盛。不同的亚洲国家或地区的商人主导着不同的航道上的贸易。在东亚(包括东北亚和东南亚),主要由华人经营(有一小段时间日本人和南洋群岛的武吉士人也相当活跃)。在南亚,主要经营者为印度人(特别是祆教徒,亦称帕西人,印度前总理英迪拉·甘地的丈夫、印度塔塔财团的老板等都是帕西人),在西南亚洲及东非,主要经营者为印度人及阿曼人。还有一些亚洲国际商人(如亚美尼亚人、犹太人等),也都在亚洲的海洋贸易中拥有重要地位。当欧洲人来到亚洲时,他们不得不调适自己,加入亚洲已有的国际贸易。不过与原有的亚洲海商不同的是,这些欧洲商人拥有强大武装,并有其国家作为依靠,既是商人,又是殖民者,因此他们的到来使得原有的亚洲海上国际贸易发生了重大变化。明中叶以后,欧人相继侵入远东水域。1511年葡萄牙人占领马六甲,1570年西班牙人征服马尼拉,随后于1626年占领台湾北部鸡笼港,1628年又占领淡水。1619年,荷兰人开埠巴达维亚,又于1621年占领澎湖,1624年被明朝军队逐出后,转往台湾,在大员筑堡立足。英国人后来居上,在槟城、新加坡、仰光等地建立商馆或殖民地。这些欧洲人以其所建立的殖民基地组构各自的贸易圈,与欧洲和美洲直接贸易,从而将东亚和东南亚原有的航线与欧洲人开辟的航线连接了起来,形成了世界性的贸易网络。

在这里,我要特别强调中国人在这个过程中的特殊地位。

包乐史说,16世纪初,当中国渔民和商人第一次在亚洲水域遇到欧洲人时,他们已经在南海探索并航行了将近一千年。在宋代,中国人就开辟了通过南海到印度洋沿岸各地的航线。在此基础上,明初出现了郑和下西洋的壮举,把世界带入了大航海时代。

中国商人从事海上贸易,主要沿着东西两条航线。东方航线北段通往向日本、朝鲜,南段通向菲律宾群岛,达到摩鹿加群岛;西方航线则顺着华南海岸及海南岛,通过越南,然后在柬埔寨岔开,一条海路向西深入泰国湾,另一条往南通向马来半岛,并从那里继续沿着苏门答腊海岸达到爪哇,以及更西的印度洋沿岸各国(印度、波斯、阿拉伯国家乃至东非)。明代文献把南亚和东南亚国家分为"东洋"和"西洋",分界线是文莱(婆罗洲),以东为东洋,以西为西洋。东洋包括日本、琉球、吕宋、苏禄、猫里务、沙瑶呐哔啴、美洛居等地,西洋则包括占城、暹罗、下港、柬埔寨、大泥、旧港、麻六甲、哑齐、彭亨、柔佛、丁机宜、思吉港、文郎马神、迟闷等地以及更西的印度洋沿岸各国。明代之前,中国人把东南亚以及以西的国家和地区统称之为"海南"、"南海"或者"南洋"。到了明代,这些名称很少用了,原因就是这时中国人活跃在这些海域,对各地有了更加直接和深入的了解。

因为明代海上贸易繁荣,到了明代中后期,形成了一些实力强大的海商集团。嘉靖初年,活跃在海上的海商集团主要有两支,一支以闽人李光头为首,另一支以徽州府歙县许栋为首。许栋的商业集团最初与葡萄牙人合作,后来又有日本私商入伙。王直与许栋是同乡,便加入了他的集团(王直是安徽歙县人,因其外祖家姓汪,也有史料称其为"汪直")。许栋和李光头因从事海盗活动相继被明军剿灭后,王直成为流民商业集团的首领,日本人称他为"五峰船主"。嘉靖十九年(1540),王直在广东私造双桅大船,从事走私活动,频繁来往于日本及中国东南沿海甚至暹罗（今泰国）一带。王直定居日本平户（今属日本长崎县），自称"徽王"，追随其定居在平户、福岛一带的中国人至少有三千人。王直以此为基地，勾结日本浪人，向中国沿海地区发动多次攻击，逐渐获得了中日之间的海上垄断地位，新入海通番的船只都只有悬挂"五峰"旗号才敢在海上行驶。

正德十二年（1517），葡萄牙人首次抵达广东屯门岛（今宝安县南头附近），并在此建筑堡垒，大造火铳，杀人抢船，掠卖良民。正德十六年（1521），明军收复屯门岛，逐走葡萄牙人。到了嘉靖三十二年（1553），葡萄牙人托言商船遇到风涛，请求在澳门晾晒货物，贿赂明朝海道副使汪柏允准，遂得入据澳门，开始不过搭棚栖息，不久渐次筑室居住，聚众至万余人，以澳门为基地，从事公开及走私贸易。葡萄牙人得以窃据澳门，是明朝地方官吏腐败姑息的结果，并非明朝无力将葡萄牙人赶走。明朝政府依然握有对澳门的主权，葡萄牙人必须每年为其船货交课 2 万两关税，并支付每年 1000 两的租金。到万历十年（1582），在他们的一再请求下，租金降到了 500 两。明廷也因觉得有利可得，遂听任澳门被葡人租占。

17 世纪初期，葡萄牙、西班牙的海上势力渐衰，荷兰殖民者的势力突起，掌握了东方海上的霸权、占领了爪哇岛及摩鹿加岛等。万历二十九年（1601），荷兰船只首次闯入广东沿海，自称与中国通贡市，与葡萄牙人发生冲突，被葡人曾拘捕并处死多人。万历三十一年（1603），荷兰遣使求贡市，未获允准，派军舰来攻，在澎湖海上遇明朝福建水师，退走。天启二年（1622），荷兰人占据澎湖。天启四年，福建巡抚南居益派兵收复澎湖，荷兰殖民者败走，占据了台湾南部。在此之前，西班牙人已占据台湾北部。崇祯十五年（1642），荷兰击败西班牙人，独占了台湾。此时中国海上郑芝龙拥有部众 3 万余人，船只千余艘,是当时世界上最强大的私人海上武装之一。郑芝龙与荷兰人开战,击败了荷兰人。后来其子郑成功武力更为强大,将荷兰人逐出台湾。

清代前期国力强盛,在东亚的欧洲殖民者也不得不接受清朝的朝贡体系。据统计,自清入主中国以来,西方国家来华使节觐见中国皇帝共17次,其中只有1793年英国使者马嘎尔尼(Lord McCartney)拒行跪拜之礼。先前一直与明朝为敌的荷兰,到了清代也屈服了。1656年荷兰东印度贸易公司的使团带着大量的贡品来到北京,1662年和1664年相继来朝贡。荷兰使团1795年来北京,依然完全遵守朝贡制度的规定,实行跪拜之礼。在此情况下,中国人在亚洲海上贸易中的地位实际上更为加强了。到了18世纪,广州海运直接连接于欧洲、非洲、美洲的港口城市,成为全球海运贸易的十字路口。

在东亚和东南亚水域,中国人与欧洲人不仅有竞争,而且也有不同形式的合作。西班牙人在1571年占领马尼拉后,即释放所扣押的华商,在与当地土著的战争中尽量避免伤及华人,目的是为了招徕更多的华船来菲。荷兰东印度当局也要求东印度公司所属各地商馆善待华人,大量发放通行证让他们到荷属东印度群岛贸易。但当华人经济势力发展到一定程度时,欧人又加以限制,甚至采取屠杀手段。西班牙人6次屠杀在菲华人,荷兰人制造"红溪惨案",英国人在海峡殖民地对华人实施种种限制,都反映了西方殖民者既害怕华人力量,又离不开利用华人开发东南亚的心态。但是在每次屠杀以后,欧人又总是想方设法再行招徕。

在这样一个背景下,中国与外部世界的联系空前加强。在这个早期经济全球化时期,中国并未被排斥在一边,而是在其中发挥着重要的作用。不仅邻近国家与中国保持传统的朝贡贸易,或者以走私贸易作为补充,而且遥远的欧洲国家如葡萄牙、西班牙、荷兰以及它们在亚洲和美洲的殖民地都要卷入与中国的贸易之中,使得以生丝与丝织品为主的中国商品遍及全世界。因此,从"全球化"的视野来观察明清时期的中国,会给当今的中国人带来更多新的启示。然而,这种观点与过去我们一直坚信的明清中国"闭关自守"之说截然相反,这又应当作何解释呢?

三、明清中国"闭关自守":偏见还是事实?

明清不是一向被认为是闭关锁国吗?怎么与经济全球化有关系呢?说中国向西方开放,教科书都说是自鸦片战争开始。因此经济全球化和"中国闭关自守"的传统说法是不是有矛盾?二者确实很矛盾。这里,我们先看看什么是"闭关自守"。

闭关自守又称闭关锁国,其核心是闭关。"闭关"一语,典出《周易》:"先王以至日闭关,商旅不行,后不省方。"此语指的是不与外国往来,或者严格限制对外经济、文化、科学等方面的交流。

在世界近代史上,确实有一些国家实行过闭关锁国的政策,其中日本就是典型的例子。从1633年(日本宽永十年)到1639年(宽永十六年),日本政府先后发布五次"锁国令",禁止日本人出入国门,取缔天主教,禁止葡萄牙人来日本等。在禁止出海方面,1636年禁令中称,严禁派遣日本船和日本人到外国,如有偷渡者处死罪。已去外国定居的日本人,若返抵日本,即处死罪。在禁止天主教方面,1636年禁令中称搜捕天主教传教士,若发现外国人传播天主教的一律逮捕下狱,外国人在日本所生子女,以及接受这些子女作为养子养女的人,一律判处死罪。在对外贸易方面,日本早在1641年就关闭了除长崎以外所有对外贸易港口,只允许与中国、荷兰通商,而且规定每年与中国的贸易量不超过6000贯,与荷兰的贸易量不超过3000贯。虽然这种闭关锁国并未完全关闭国门(例如德川幕府在长崎设有"风说役",专门搜集从中国和荷兰来的商人们的言谈,第八代幕府将军德川吉宗出于个人对西方书籍的喜好,也放宽了对荷兰书籍的流入和翻译的禁令),但是在对外贸易和普通人的对外部交往方面,日本确实主动断绝对外贸易。

这是日本的情况。那么,中国的情况又如何呢?学界过去一直认为中国在明清时代(特别是清代)也实行了闭关锁国政策,亦即通常所说的"闭关自守"。但是,说中国闭关自守,最早并不是中国人自己说的,而是外国人说的。中国人是跟着外国人这样说的。

最早说中国闭关自守的是亚当·斯密。他在《国富论》里讲:"一个像中国这样的国家,如果忽视或者轻视外贸,仅只允许外国船只进入其一两个港口,就不能像一个可能有不同的法律和制度的国家那样,做同样质量的生意。"当时在中国与西方的贸易,中国只允许外国船只进入一两个港口(就是广州)。但是亚当·斯密的看法主要依据的是东印度公司在和中国进行贸易的状况,他也没有认为中国是全面闭关自守。闭关自守这个概念实际上是在19世纪出现的。19世纪主要的伟大思想家都把中国看作一个封闭的社会——经济上封闭,文化上封闭,政治上封闭。其中说得最厉害的就是德国哲学家赫尔德(Johann Gettfried Herder)和革命导师马克思。赫尔德说:"这个帝国(指中国)是一具木乃伊,它周身涂有防腐香料、描画有象形文字,并且以丝绸包裹起来;它体内血液循环已经停止,就如冬眠的动物一般。"马克思则说:"与外界完全隔绝曾是保存旧中国的首要条件,而当这种隔绝状态通过英国而为暴力所打破的时候,接踵而来的必然是解体的过程,正如小心保存在密封棺材里的木乃伊一接触新鲜空气,便必然要解体一样。"他们都认为中国是一个被彻底封闭起来的国家,就像古代埃及法老陵墓中的"木乃伊"一样。

这些19世纪的观念一直延续到今天。它们不仅被用来形容明清中国经济,还被用来形容整个中国的社会,甚至是文化,或者是心态。这种心态被称为"长城心态",亦即许多西方人认为中国人排外,就是在有形地无形地都要建立一道长城,把中国和世界其他部分隔开。这已经成为我们中国历史研究中的一种"共识":中国一向是一个闭关自守的国家,到了鸦片战争才有改变,"鸦片战争一声炮响,把中国带进了近代世界",或者说是西方通过鸦片战争迫使中国向世界开放。这些看法都是19世纪的看法,由于历史的惯性延续到20世纪。甚至到今天,大多数中国人还是认为清代是一个闭关自守的时代,清代中国是一个闭关自守的国家。

这些和我们说的全球化之间是不是有矛盾?当然是非常矛盾,因为闭关自守和全球化不可能共存。我们首先来说中国可不可能闭关自守。

美国耶鲁大学教授史景迁(Jonathan Spence)是一位著名的中国史专家,曾任美国历史学会会长。他写了一本中国历史教科书《追寻现代中国》(Search for Modern China)。这本书非常畅销,曾在《纽约时报》的畅销书排行榜上排列头十名。他在这本书的序言里写道:"从1600年以后,中国作为一个国家的命运,就和其他国家交织在一起了,不得不和其他国家一道去搜寻稀有资源,交换货物,扩大知识。"就是说,从1600年以后,中国即使是主观上想闭关自守,也无法做到。因此绝不是到了鸦片战争中国才向外开放。

首先,让我们看看在人员方面的中外交流情况。

在晚明时期,大批传教士来到中国。这些传教士对中西文化交流做了大量工作,使得西方文化在中国得到相当广泛的传播。例如天主教这个外来的宗教,就是在这个时期,在中国汉族人中传播开来的。1583 年,利玛窦在广东肇庆开始接收中国信徒一人。到了 1603 年,各地的中国教徒已有 500 多人,1617 年增至 1.3 万余人,明朝末年更达到 3.8 万余人。这段历史已有很多人做了研究,大家都已不陌生,因此我也不必多讲了。这里只想提一下这些传教士带来的西方知识及其对中国科技的影响。

在 1614—1618 年间,传教士金尼阁返回欧洲后,为中国教区募集了一批西方书籍,总数达到七千部。这批书籍随金尼阁一行来到中国,产生了一定的影响。有的被翻译成中文,使得知识流传得更广(如传教士傅凡际将亚里士多德的著作《寰宇诠》和《名理探》翻译成中文);有的成为学者们继续研究的基础,促进了学术文化的发展(如邓玉函和王徵合译的《远西奇器图说录最》,就是以《建筑十书》、《数学札记》、《矿冶全书》和《各种精巧的机械装置》等书为底本的);有的甚至冲击了中国本土的观念和科技,如继承元朝授时历而来的大统历即在明末受到西洋历法的严峻挑战,最终中国采取了运用西洋新法的时宪历。

到了清朝,传教士为了培养中国本土的神职人员,于 1732 年在意大利的那不勒斯,由天主教会(De Propaganda Fide)办了一所中国学院(College for Chinese),专门培养中国留学生。这所学院于 1888 年被意大利政府下令关闭。在其开办的 156 年间,它总共培养了 106 名精通拉丁语的中国人神职人员。18 世纪末著名的英国马尔噶尼使团准备访问中国时,需要找一个翻译,在巴黎、哥德堡、哥本哈根、里斯本都未找到合适的人,最后在这个学院找到了两名中国留学生周保罗(Paolo Cho)和李雅各(Jacobus Li),能胜任中文、意大利文和拉丁文的口译工作。其中李雅各又叫作 Jacob Ly，汉名李自标，来自甘肃武威，生于乾隆二十五年（1760），于乾隆三十八年（1773）与另外 7 位中国年轻人一同赴欧学习。这也是中国人留学欧洲之滥觞。

传教士不仅把西方知识带到了中国，也把关于中国的知识带到了欧洲，引起了 18 世纪欧洲的"中国热"。在这个时期，欧洲人十分迷恋中国，法文中的"chinoiserie"一词即用来形容对中国的狂热。不仅启蒙思想家如伏尔泰、魁奈等把中国视为"理想国"而极力讴歌，而且欧洲上流社会也崇拜中国文化成风，一如林语堂所言，"当 18 世纪之所谓洛可可时代，欧洲男人梳辫子，女人执扇子，公卿穿绸缎，士人藏瓷器，宫廷妃嫔乘轿出进，皆是崇拜中国之一时髦"。从中产阶级家庭摆饰的壁纸与家具，到公园里的凉亭建筑、街上的轿子、中国式的林园造景，都可以看到这种"中国风"。

到了清代，虽然传教士来得少了，但是商人来得更多了。包乐史说：无论是撤除海禁的清政府，或是解禁后中国商人前往的那些邻国，都无法想象在 1683 年绥靖沿海后，中国私商的海外活动会如此兴盛。因此他把 1683 年以后称为"南海贸易的大跃进"的时代。

由于贸易的迅猛发展，中国的广东也史无前例地出现了欧洲人的定居点。到 1830 年时，在澳门有 4480 名外国人（其中 2149 人是白人女性，1201 名是白人男性则有，其余的是奴隶和仆役）。在广州，也出现了一个西方人的社会，1836 年有 307 名男性，其中 213 人是欧美人。这些西方人，绝大部分是商人。

大家都知道，今天有大量非洲黑人居住在广州。有民间人士做过统计，其人数近 20 万，其中仅有不到 1 万是合法经营的商人，绝大多数黑人都是非法滞留，无正当职业。但是实际上，早在明末就已有黑人住在广州了。崇祯九年(1636),英国首航中国的威德尔船队到达中国,与中国广州守军发生冲突。广州官方派了一个叫保罗·诺瑞蒂(Paulo Noretti)的黑人翻译去与英国人交涉。此人汉名李叶荣,是广州总兵陈谦的亲信,会说葡萄牙语,可能是葡萄牙人带到澳门,随后又到了广州的。通过诺瑞蒂从中牵线,英国人以重金贿赂总兵陈谦,遂获准在广州贸易。

中西商业交往的发展,也体现在交流媒介——语言——的变化方面。在东亚和东南亚贸易中,传统的通用语言是中文。到了17世纪,葡萄牙语成为重要的辅助商业语言。例如上面英国人和中国官吏打交道,使用的就是葡萄牙语。当时的中国海商,不少人更是通晓多种语言,如郑芝龙就能说闽南话、南京官话、广东话、日语、葡语、西班牙语、荷兰语。到了18世纪,随着中西贸易的进一步发展和英国在国际贸易中地位的增强,中西商人交往更加密切,于是出现了一种亚洲商界通用的洋泾浜英语。这种洋泾浜英语是一种变形了的广州话与英语的混合体,在语法上主要依照汉语的句法而非英语的语法规则,在词汇上则大量采用英语词汇,同时也吸收了很多葡语、印地语、马来语的词汇。源于葡萄牙语的词如 mandarin,源自 mandar,意为"命令";compradore,源自 compra,意为"购买";maskee,源自 masque,意为"别在意"。源于印地语的词如 bazaar,指"市场";schroff,指"银师";go-down,是 ka-dang 的讹音,指"货栈";lac,指"十万";cooly (coolie),指"劳工"。后面还要提到的著名中国行商伍秉鉴(浩官)在对一位外商销毁本票时所说的话,就是典型的洋泾浜英语:"Just now have settee counter, alla finishee; you go, you please"(现在我们结清了我们的账目,一切都结束了,你要走就可以走了)。

由于中西贸易的发展,中国人移民欧美的活动也开始了。伍秉鉴在七十岁时,由于对清朝的腐败非常失望,写信给一位在美国马萨诸塞州的友人库新(J. P. Cushing),说他若不是年纪太大,经不起漂洋过海的折腾,他实在十分想移居美国。伍秉鉴移民美国之梦未成,但有许多中国人确实去了欧洲。按照清朝的法令,中国商人和水手要在取得许可之后,方可出航贸易,同时也必须在一定的期限内返国报到,否则归国后会受到处罚。除此以外的人都不允许出国,私自出国要受到极重的处罚。但是仍然有不少人私自出洋,但都是偷偷摸摸地出国,偷偷摸愉摸摸地回来,因此很少留下记载。我们只能从一些片段记载中发现他们的踪迹。这里我就引用陈国栋发现的一些康熙、乾隆、嘉庆时期广东人到欧洲的例子。例如陈佸官原来在广州卖泥娃娃,手艺不错,颇有一些名气。他于乾隆三十四年(1769)搭乘东印度公司船"侯宰顿号"抵达英国,住在伦敦诺佛克街的一家帽店里,继续操旧业,用黏土捏塑小型半身像,加以着色,作品颇有销路,有了一定知名度,成为英国艺术家描绘的对象。蔡阿福于乾隆五十一年(1786)搭乘瑞典东印度公司船只"斐特烈号"到达哥德堡,到后造访过一个瑞典名流的庄园,在贵宾名簿上用中文签下他的名字。庄园主人还在旁边加注一段,强调说蔡阿福是第一位造访瑞典的华人。林亚九于乾隆五十八年(1793)和一位服务于法国印度公司的朋友康司东(Charles de Constant)一同去乘船去欧洲。当航行到欧洲海域时,船被英国人掳获,人被送到伦敦。林亚九一时成为"风行人物",并且在海德公园获得英王乔治三世的接见。这一年,法国画家董芦(Henry-Pierre Danloux)因为逃避法国大革命的动乱也来到伦敦,在莱斯特广场(即现在伦敦唐人街所在)开设一间画廊,为林亚九画了一幅肖像,后来制成铜版画,流传至今。谢清高少年时即在海船上工作,十八岁那年遭遇船难,被外籍商船救起,从此就不断搭乘外国船舶前往各地贸易,从而造访了很多国家。后来他双目失明,结束了海上生涯,住在澳门。嘉庆二十五年(1820)他的同乡杨炳南为他作了口述访问,并且参考一些文献,整理成《海录》一书,记录他在乾隆四十七年至嘉庆元年(1782—1796)的十四五年间的国外见闻。广州画家关作霖曾经附搭洋船出国,遍游欧美各地,见到欧美画家所作油画传神逼真,便专攻油画。学成归来后,在广州府城开设画店,为人写真。这些人到欧洲的经历都是因为偶然的机会得以记录下来。此外当然还会有更多没有被记录下来的去过欧洲的中国人。

不过,总的来说,去欧洲的中国人毕竟数量有限。但是,去东南亚的中国人却有如滔滔洪水,到了清代达到了非常大的规模。包乐史说:"清廷成功地使他们的海疆从荷兰'红毛番'的入侵中脱身,却未能堵住自己的臣民自发地往南洋发展的洪流。相反地,尽有加诸于移民以及贸易上强制的帝国禁令,中国探险家、贸易商、旅居者的海外扩张继续纵横于东南亚洲的海域。中国的海疆在各地都'如筛子般地渗漏'着",以至"中国人出现"成为"如此壮大且无处不在"。

隆庆元年(1567)海禁开放以后,福建海澄县月港成为漳州一带人民出洋的主要口岸,每年从月港进出的远洋大船多达200余艘,漳州人由月港出洋谋生者数以万计。泉州人则从安平港出洋谋生。何乔远记载说:"安平一镇尽海头,经商行贾力于徽歙,入海而贸夷,差强赀用,而其地俭于田畴。"

但是,中国第一次大规模移民东南亚的浪潮却始于17世纪末期。17世纪末以后,中国海外贸易的发展和东南亚的开发诱发华人移民热潮。康熙海禁初开后,沿海人民纷纷相率出洋。商船运载沿海人民出国的规模,从雍正五年(1727)闽浙总督高其倬奏折中可见一斑:"查从前商船出洋之时,每船所报人数连舵、水、客商总计多者不过七八十人,少者六七十人,其实每船私载二三百人。到彼之后,照外多出之人俱存留不归。更有一种嗜利船户,略载些须货物,竟将游手之人偷载四五百之多。每人索银八两或十余两,载往彼地,即行留住。此等人大约闽省居十之六七,粤省与江浙等省居十之三四。"这些移民到了东南亚地区后,有人接待并协助寻找生计。黑格尔说中国人缺乏欧洲人那种海上冒险的勇气,宁愿守护着大平原农业的季节性律动。史景迁不同意这种说法,说:勇于海上冒险而积累了庞大财富的福建商人,若是看到此类陈述,可能会感到错愕。

从18世纪初到1739年,前往巴达维亚的中国帆船空前增多,每年达15—20艘,附船而去的华人也很多,因此华人数量增加很快。1730年代陈伦炯估计已达十多万。18世纪中期后,西婆罗洲(今印尼加里曼丹)发现金矿,华人纷纷前往淘金,到了19世纪前期,华人已达约15万人。华人移民增长最快的地区是暹罗(今泰国)。17世纪初,暹罗华侨尚不到3000名,但19世纪初出使暹罗的英人柯罗福估计,到1821年,暹罗已有中国人70万。马来半岛、越南、柬埔寨等地华人数量也快速增长。马来半岛的柔佛、槟榔屿、吉兰丹、宋卡等,越南中圻和湄公河三角洲、缅甸仰光等地,都涌入相当数量的华人移民。据庄国土估计,到鸦片战争前夕,东南亚华人已达150万左右。

这个数量巨大的华人群体活跃在亚洲海域,成为当时国际贸易中的一股极为重要的力量,就连握有政治和军事统治权的欧洲殖民者,也不得不在商业上倚重这些华人。因此,华人在早期经济全球化的进程中所扮演的角色是不容小觑的。

由于经济全球化导致了人口流动,疾病也开始了全球性蔓延。在全球化开始之前,世界各个地方的疾病基本上都是地方病。但是全球化之后,疾病的传播就非常快了。在过去几个世纪,世界各地流行一种性病——梅毒。因为大家都觉得这种病很可耻,所以各国人都把这种疾病尽量推到别人那里去:英国人叫作"法国病",法国人叫作"意大利病",意大利人叫作"西班牙病",俄国人叫作"波兰病",日本人叫作"中国病",中国人叫作"广疮"。这个病来自西半球,被欧洲人带到全世界,其传播速度非常之快,就像今天的艾滋病一样。当然过去也有大规模疾病,比如说欧洲中世纪的黑死病,有学者认为是由蒙古军队带去的。但是梅毒是在和平环境下通过商人传播的,因此也是一个全球化带来的结果。这种疾病传入中国后,传播很快,成为危害最大的流行病之一。由此也可见全球化对中国的影响。

中国在明清两代并未闭关自守,这一点,还可以从新作物的引入与传播方面看到。从这些日常接触到的东西来看,中国和外部世界关系之密切,可能连我们自己都没有感觉到。

1. 玉米、番薯、马铃薯

从许多我们日常接触到的东西来看,中国和外部世界(特别是西方主导下的世界)关系之密切,可能连我们自己都没有感觉到。比如说玉米、番薯、马铃薯,大家都知道是中国到处都有的作物,特别是在中国比较贫困地区人民的主要食物。这些作物是从哪里来的呢?中国原来没有,是16、17世纪以后才进入中国的。从哪里进入中国的?玉米、红薯都是从海上进入的,因为它们原产于美洲。西方人到那里之后,发现了这些新的作物,把它们带到了亚洲,然后进入了中国。

这些新作物到了中国之后,传播非常快,在几十年或者一个世纪之内席卷全中国,这是非常不容易的。因为一个作物到一个新的地方,人民是不是愿意接受,自然生态是不是适合,都要有一个很长适应过程。这些作物那么快就传遍中国,变成以后20世纪穷乡僻壤无处不在的作物。我们没有意识到,但事实上这就是全球化的一个表现。如果没有这些作物的传入,照何炳棣先生的看法,清代中国的"人口爆炸"恐怕就不可能,因为生出来的人口没有足够的粮食吃。玉米、番薯、马铃薯都是高产作物,像每亩农田生产的红薯,所含热量(卡路里)是水稻的几倍。所以一亩红薯可以比一亩水稻养活更多的人。这些作物的传入促进了中国人口的增加,而人口的增加又导致了中国经济的各种变化。

2. 辣椒

今天大家认为辣是四川、贵州、湖南、湖北、云南几省菜肴风味的特点。但是中国古代并没有辣椒。"辛"字的义项中有"辣味"一条,然而古人所谓"辛"味却并非辣椒之味。古人所谓的辛味是指姜、葱一类刺激性气味。古人另有"五辛"(或"五荤")之说,专指五种辛味的菜,其具体内容说法不一,有的说是小蒜、大蒜、韭、芸苔、胡荽,有的说是韭、蒜、芸苔、胡荽,还有的说是大蒜、革葱、慈葱、兰葱、兴渠。但是中国传统的辛味蔬菜中却没有辣椒。辣椒是很晚才传入中国的。我们现在吃的辣椒是古代墨西哥印第安人的食物。乔治·彼得·穆达克说:英语 chili(辣椒)来自古代墨西哥阿兹特克人的语言,他们的食物滋味丰富,"特别是辣椒,用以制成辣酱油来作图特拉或几乎每一种食品的调料"。15世纪末,哥伦布发现美洲之后把辣椒带回欧洲,并由此传播到世界其他地方。

16世纪末,辣椒传入中国,名曰"番椒",明《草花谱》记载了一种外国传来的草花,名叫"番椒"。到了1591年,辣椒已作为一种观赏的花卉被中国人引进栽培,但尚未应用于饮食。清乾隆年间,辣椒始作为一种蔬菜被中国人食用。据载最初吃辣椒的中国人都在长江下游,即所谓"下江人"。因为辣椒最初从海外传来,下江地区首当其冲,下江人先尝试这些时新食品也在情理之中。今天江浙人不吃辣椒了,大约是尝试辣椒之后觉得受不了,所以就没有接受。

辣椒于19世纪传入四川,逐渐被四川人接受,由此一发而不可收。因为辣椒是从海外传进来的,所以四川人到今天还叫它"海椒"。清末徐珂在《清稗类钞》里说,"食品之有专嗜者,食性不同,由于习尚也。兹举其尤,则北人嗜葱蒜,滇、黔、湘、蜀人嗜辛辣品,粤人嗜淡食,苏人嗜糖"。徐氏所列举嗜辛辣的四个省中,最酷爱辣椒的还数湘鄂二省,"湘、鄂之人日二餐,喜辛辣品,虽食前方丈,珍错满前,无芥辣不下箸也"。湖南、湖北的人每天两顿饭都一定要吃辣椒,没有辣椒就吃不下饭。所以现在有一种说法:四川人不怕辣,贵州人辣不怕,湖南人怕不辣。这些地方的普通人民,照我们一般的想象,似乎和西方没有什么关系。但是西方传来的东西,在无意识中已经成为他们生活中不可分割的一部分,甚至成为他们文化的一种代表。

3. 烟草

今天中国是世界上第一的烟草生产和消费大国,全世界三分之一的烟民都在中国。但是烟草也不是中国原有的作物,而是美洲作物,由欧洲人带到中国来的。从最新的研究可以看到,烟草传入中国有三条路线:由菲律宾传到福建,再传到广东;由南洋传到广东,再传到北方;从日本传到朝鲜,再传到辽东。烟草传到中国后,传播非常快。今天欧盟全面禁烟,香港也在禁烟,但其实最早的禁烟令是崇祯皇帝发布的,清朝的皇太极、康熙也都下令禁烟。这说明吸烟这种外来的习惯在中国普及得实在太快。由于普及之势不可当,重罚也禁不了。到了崇祯初年"重法禁之不止,末年遂遍地种矣。……男女老少,无不手一管,腰一囊"。"宾主相见,以此为敬,俯仰涕唾,恶态毕具。初犹城市服之,已而沿及乡村;初犹男子服之,继而遍及闺阁。习俗移人,真有不知其然而然者。"明朝末年就已经如此,大家可以看到全球化对中国的影响有多早,有多大。

4. 鸦片

在近代,吸食鸦片成为中国人的象征。海外有人评论中国某位名导演的电影,是"小脚、长辫、大烟枪"。鸦片不是美洲的作物,它最早出现在西亚、南欧一带,唐代被阿拉伯人带到中国,先是作为观赏植物,后来被用作药物,收入了"回回药方"。鸦片作为毒品使用,最早在印度,但使用很有限。英国人占领印度后,把鸦片带到中国。尔后在中国迅速地传播开来。世界上第一道禁鸦片的法令是雍正皇帝制定的。雍正七年(1729)下令:"兴贩鸦片烟,照收买违禁货物例,枷号一月,发近边充军。如私开鸦片烟馆引诱良家子弟者,照邪教惑众律,拟绞监候。为从,杖一百,流三千里。船户、地保、邻佑人等,俱杖一百,徒三年。"尽管严刑峻法,但还是禁不掉。鸦片的传入和流行,也是中国被卷入全球化的一个侧面。

从以上情况来看,在明清时期,中国已经加入了当时的全球化过程。

最后,我们来看看"闭关自守"政策本身。近年来,一些学者对明清政府的政策进行了新的研究,例如张彬村的《明清两朝的海外贸易政策:闭关自守?》,滨下武志的《近代中国的国际契机:朝贡体系与近代亚洲经济圈》,万明的《中国融入世界的步履:明与清前期海外政策比较研究》。这些研究都表明:明清两朝(特别大家批评最厉害的清朝),的确在一些时期内禁止海外贸易,但主要是由于特别的原因,因此随着这些原因消除后,政策也就改变了。比如清初海禁,就是为了封锁郑成功,因此康熙二十九年平台之后就大开海禁了。总的来说,明清两代实行海禁的时间并不长。此外,明清政府的统治力量有限,即使有闭关政策,也没有办法长期有效执行。例如,正是在清朝全盛的18世纪,华人海外移民达到高潮。如果政府真的有能力实行闭关自守,那么这样数量巨大的闽广居民又怎么能够移居海外呢?所以我们可以看到中国并未闭关自守,而是越来越深入地卷入了经济全球化。

四、大起伏:中国经济的历史变化

在19世纪后半期和20世纪大部分时期,世人都认为至少是自明清以来,中国是一个穷国,是贫穷、落后、停滞、悲惨的代称。这个观点在1980年代开始受到强烈的挑战,不过很奇怪的是,最初挑战这个观点的人,不是历史学家,而是一批政治学家、经济学家。

在最早提出重新评价清代中国在世界经济中的地位的人是政治学家肯尼迪(Paul Kennedy)。他的书《大国的兴衰》出版于1980年代,现已有中文译本。他在该书里估计乾隆十五年(1750)时中国的工业产值是法国的8.2倍,英国的17.3倍。1830年,中国的工业产值还是英国的3倍,法国的5.7倍。一直到第二次鸦片战争,英国的工业产值才刚刚赶上中国,而法国才是中国的40%。因此从总产值来说,直到19世纪中期,中国仍然是世界上第一大工业国。当然他也指出,中国人口多,所以虽然是总产值第一,但是按人口来平均的话,人均产值不高。他的观点提出来后,引起了学界的兴趣,所以加入这个讨论的学者也越来越多。

政治学家弗兰克(Andrew Gunder Frank)在其《白银资本》一书

中认为,1820年中国经济在世界经济中的地位远远超过今天美国在世界经济中的地位,而且到1820年中国还是世界经济的中心。他的这个观点引起很大轰动。经济学家麦迪森(Angus Maddison)则指出:在1700—1820年间,中国的GDP(国内生产总值)在世界GDP中所占的比重从23.1%提高到了32.4%;而整个欧洲的GDP在世界GDP中所占的比重仅从23.3%提高到了26.6%。因此直到鸦片战争前不久,中国经济在绝对规模上,雄居世界各大经济地区之首。他指出:在过去两百年中,曾经有三个经济体在世界经济中达到最大份额:其一是中国经济,在1820年时占到世界GDP的32.%;其二是西欧经济,在1890年时到世界GDP的40%;其三则是美国经济,在1952年时占世界GDP的28%。如果作为一个单独的国家来看,在人类历史上中国曾经达到最大份额(即全球经济总量的三分之一)。不仅如此,中国经济的规模不仅很大,而且在18世纪中增加速度得很快。在近代早期世界上的六大经济体(中国、欧洲、俄国、美国、印度、日本)中,中国经济在18世纪的成长速度快于西欧、日本和印度。中国比西欧增加得还快,这超乎我们大家的想象,因为一般人认为18世纪欧洲出现工业革命之后,经济突飞猛进,中国经济则停滞不前。

  按人均GDP的水平来看,中国表现也不差。麦迪森认为在1700年与1820年中国人均GDP为600美元(1900年美元)。而到2000年,越南、老挝、柬埔寨、不丹等国的人均GDP还不到500美元。因此1820年中国人均GDP比20世纪末越南等亚洲国家以及若干非洲国家还要高。其次,1820年中国人口占到世界人口的三分之一,但是在中国国内,经济的地区差别很大,因此这个人均600美元的平均值掩盖了巨大的地区差异。在长江三角洲和珠江三角洲,人均

GDP肯定远远高于600美元,而在甘肃、宁夏等地则大大低于600美元。同时,由于在清代中国,富裕地区人口增长慢于贫困地区,因此在全国人口迅速增长的时候,一个不变的平均值也意味着富的地方更富,穷的地方更穷。如果只算中国东部的话,18世纪人均GDP增长速度更快。

因为中国18世纪经济的迅速发展,因此人均所得也十分可观。法国学者Bairoch与Levy-Leboyer的比较研究指出:1800年世界"发达"地区的人均收入为198美元,所有"欠发达"地区的人均收入为188美元,而中国为210美元,英国和法国则在150—200美元之间。何炳棣先生指出:18世纪中国生活水平呈上升之势,18世纪中国农民收入不低于法国,肯定高于普鲁士和日本。1726年中国有近1%的人口超过70岁,其中还有活到百岁的老人。在今天,70岁好像并不算怎么老,但在18世纪欧洲的平均寿命才38岁。所以一个像中国那么大的国家有1%的人口能够达到70岁,在当时是非常了不起的。而且,何炳棣先生也认为中国农民的人均收入不低于法国,而法国是当时欧洲收入最高的国家之一。

到了19世纪中期以后,中国经济发生了重大的逆转。中国经济在世界经济中的比重大大下降,到了1890年代,中国在世界GDP中的份额只有15%左右了。在以后的半个多世纪中,中国经济更以一种自由落体的加速度快速下滑。1913年中国GDP在世界GDP中的份额为9.1%,1952年下降到5.2%。按人均GDP来说,在世界的六大经济体(中国、欧洲、俄国、美国、印度、日本)中,除了中国,其他五大经济体的人均GDP都在增加,只有中国出现人均GDP下降。1820—1952年间,中国人均GDP年增长率为－0.8%,而印度为0.10%,日本为0.95%,欧洲为1.03%,美国为1.63%,俄国为

1.04%,世界平均为 0.92%。1913 年中国人均 GDP 为世界人均 GDP 的 36.7%,1952 年下降到 23.7%。

1952 年中国经济总量只占到世界的 5.2%,但是中国人口占到世界的 1/4。中国到 1952 年人均 GDP 还赶不上 1700 年,这是非常严重的情况。后来许多人一致认为中国从前是贫穷落后的国家,事实确实如此:大家都在增长的时候,我们却在走下坡路,难怪贫穷落后。

1952 年以后,虽然中国取得了很大的经济成就,但是别人发展得更快。到 1978 年,中国在世界 GDP 中的份额进一步下降到 5%,人均 GDP 水平只有世界平均水平的 22.3%,所以当时中国被列为世界上最穷的国家之一。经过"文化大革命",中国经济一塌糊涂,所以 1978 年举行的中共中央十一届三中全会公报说中国经济已经到了崩溃的边缘。但是奇怪的是,1979 年以后,一个剧变出现了:中国出现了世界上没有先例的、长期和快速的经济增长。

经济学家莫尔(Thomas Moore)说:按世界银行的报告,从 1979 年以后,中国的经济发展让所有发展中国家都嫉妒。中国 GDP 翻倍的速度超过了当年英国、美国、日本、巴西、韩国。如果把中国的三十个省作为三十个经济体,那么从 1978 年到 1995 年,世界上经济成长最快的二十个经济体都在中国。麦迪森运用 PPP 方法计算,1995 年中国 GDP 在世界的比重已经从 1978 年 5% 上升到了 11%,因此早在 1995 年,中国 GDP 就已经超过日本和前苏联地区,仅次于欧洲和美国。从 1995 年到现在又是十年,这十年中国继续保持着快速的发展,所以今天中国 GDP 在国际经济中的比重更高。依照美国中央情报局公布的数字,中国去年的 GDP 是比日本多出了 60%。不仅如此,日本经济好的时候大概一年可以增长 2%,而中国是 10%。这样的加速度下去的话,差距会越来越大。在1978年的时候,日本根本不怕中国,对中国表示好感,表示要帮中国发展。现在它对中国的所有援助都取消,而去援助中国的邻国蒙古、印度等。其表面的理由是中国现在发展得很好了,不需要援助,而实际的原因是对中国的发展感到畏惧。

中国经济高速增长的速度还在继续。我每一次去美国,都见到一些人在报上写文章,说中国经济马上要崩溃。但中国还是一直在发展。有些乐观的经济学家则认为中国的经济成长还可以延续五十年。一些不是这么乐观的经济学家,也认为中国经济至少还有二十年可以以7%—8%的速度发展。即使是7%—8%,也是非常高的速度,因为日本在1960年代经济高速成长的时候,速度也就是8%—9%。如果能维持7%—8%的发展速度,那么在二十至三十年后,中国就将超越美国而成为世界上最大的经济体。1993年诺贝尔经济学奖得主弗格尔(Robert Fogel)乐观地认为:到了2040年,中国的GDP将占到世界GDP的40%,远高于美国的14%和欧盟的5%。在人均GDP方面,中国那时将达到8.5万美元,虽然仍然低于美国,但是比欧盟要高出一倍,并远远高于日本和印度。

中国经济的这些变化,发生在1979年以来短短的二三十年中,所以经济学家柏金斯(Dwight Perkins)说这是世界上最大的经济奇迹,因为工业革命从英国发生,过了250年才使世界上22.5%的人(包括苏联地区)变成工业化地区,而中国在50年内就可做到,那真是不得了的事情。

五、内外互动：中国经济变化与对外贸易之间的关系

中国经济变化和经济全球化有什么关系呢？这里要强调的是中国经济变化和外部环境之间的关系，中国加入经济全球化的实质，就是中国经济和外部环境之间的关系。因为中国从来不是殖民国家，所以中国和外部的经济关系主要是通过贸易的关系。在1800年或者是1820年以前，中国经济的繁荣和外贸有非常密切的关系。

刚才我们谈到了在19世纪以前（或者是1820年以前）中国经济的繁荣，以及以后中国经济的衰落，再到1979年后的中国经济的奇迹。这些变化和外部世界有什么关系？

1. 1800年以前的繁荣和外贸

弗兰克说：1800年以前，中国在世界市场上具有异乎寻常巨大的和不断增长的生产能力、技术、生产效率、竞争力和出口能力，这是世界其他地区都望尘莫及的。由于中国有强大的经济力量，特别是工业生产的力量，所以中国的出口在世界上占有领先的地位。中国在当时世界上最重要的贸易商品，比方说高级的消费品丝绸瓷器等方面都是无以匹敌的。中国和世界上任何国家都是顺差，所以中国能够向全世界有效地提供商品。他还具体地指出了中国在当时世界主要商品贸易中的地位。

在瓷器贸易中，中国垄断了世界市场上的瓷器，中国输出的瓷器中，大约占输出总数80%多的中低档瓷器输往亚洲各地，占16%的高档瓷器输往欧洲，因为欧洲比较富，买得起高档产品。去年我请了一位研究瓷器的德国学者莫克莉（Christine Moll-Murata）到清华做讲演，她讲得非常有意思，从17世纪到19世纪初期，一旦中国内乱或

出现特殊的变故,欧洲的瓷器制造业马上就发展起来;一旦中国恢复平静,欧洲的瓷器制造业就衰退,因为欧洲瓷器竞争不过中国的瓷器。虽然中国的瓷器在欧洲卖得不便宜,绕过半个地球到那里,但是欧洲还是竞争不过。

在丝绸贸易方面,欧洲有几个丝绸生产的国家,如法国、意大利,都是有名的丝绸生产国;在亚洲,也有日本以及波斯、孟加拉等国家出产丝绸。但中国丝织品在国际丝绸贸易中几乎没有对手。西班牙在美洲的殖民当局给西班牙国王的报告中说,从智利到巴拿马,到处都可以看见价廉质优的中国丝绸,其价钱只是本地办的丝绸厂生产出来的1/3,本地丝绸竞争不过中国丝绸。西班牙曾经想禁止从中国进口丝绸,但是本地消费者不干,最后西班牙当局只好放开,所以美洲的丝绸市场是中国垄断的。法国也曾经下了很多禁令,保护它国内的丝绸产业,但还是没有起到它想要的效果。

在普通消费品方面,情况也如此。比如棉布,从前世界上最大的棉布输出国是印度,到了18世纪后期变成中国。非常有意思的是,中国一方面输出棉布,一方面输入棉花,已经有点"世界工厂"的味道。棉布是清代中期中国最主要的出口商品之一,但是国产棉花不够,于是从印度进口,运到广东,织成布之后,又再卖到英国和美国去。1762年英国发明家阿克莱特(Richard Arkwright)设计出第一架水力纺纱机时,英国全国使用棉花的数量,只是中国广东省从印度进口棉花的1/6。到了19世纪初期,英国工业革命已经进行了半个世纪,但印度棉花输到广东和英国的数量差不多相等。这时英国棉纺织业的规模还不及广东,因为广东还有一些国内的棉花供应。

在重工业品方面,中国也占有重要地位。19世纪初期的广东是整个东亚最大的铁器生产地,它的铁器供应整个东亚,包括从日本一直到今天的印度尼西亚,欧洲人在东亚也是大量购买广东铁器。

由于贸易规模变得越来越大,中国的外贸管理机构也发生了重大的变化。明朝基本沿袭前代的制度,管理外贸的机构是市舶司。到了清代,由于贸易扩展,原来的方式不能够满足管理需要,所以在乾隆二十二年(1757)规定在广州设立公行,即政府指定特许的商人管理外贸。后来学者对公行制度批评得很厉害,但是比起过去的市舶司,公行是一个很大的进步,因为从专业化的角度来说,在公行制度下由一批有经验的商人进行贸易,可以适应更大规模的贸易。公行制度在早期还是有其合理性的。从后来西方的自由贸易的角度来说,公行是垄断。不过从中国的角度来说是可以理解的,因为到了1970年代,还有外国学者戏称中国的广交会就是公行制度的再版。广交会也在广州,也是指定的商人和指定的外国人进行贸易,完全在政府的管制下。

清代对外贸易规模之大,从从事外贸的行商的财富也可见一斑。广州十三行中同文行及同孚行的潘家与怡和行的伍家,是行商中的头面人物。潘家的潘文岩(潘启官一世)大约在1740年左右到达广州,在一陈姓洋商的行中经理事务。迨陈姓洋商结束营业,潘文岩便自行开设了一家洋行——同文洋行。潘文岩先前从事中国沿海或南洋一带的帆船贸易事业,所以瑞士籍的航海家Charles de Constant称他为"前水路运输家"。据说他曾三度前往吕宋(菲律宾),并于1770年到过瑞典。而他做生意的对象也很广泛,除了与英国、法国、瑞典的商人往来外,自己还一直有船做马尼拉的生意。潘家在1820年时,财产据说高达1000万银元(墨西哥银元,一银元约等于0.72两银子),在1840年代末期则多达2000万银元。

伍家在1834年时估计有2600万银元的家产。19世纪初期西方最富有的人,是著名的英国犹太商人内森·罗斯柴尔德(Nathan Rothschild,卒于1836年),其财产在1828年时价值530万美元。但是差不多同时代的广州行商伍秉鉴的财产价值5600万美元。因此美国《华尔街日报》(Wall Street Daily)2001年把伍秉鉴列为世界千年五十富之一。美国畅销书《富人及其发家之路》(The Rich and How They Got That Way: How the Wealthiest People of All Time-from Genghis Khan to Bill Gates-Made Their Fortunes,作者Cynthia Crossen)列出了自成吉思汗以来到比尔·盖茨为止世界上最富的十个人,伍秉鉴也名列其中,而且是其中唯一的商人。到了晚年,伍秉鉴受不了官府的苛索,三番两次地想要退休,但都得不到官府的许可。他在1826年时提出以90万元或90万两的代价将官府注册的怡和行行商的名字改由他的儿子顶替,政府仍然要他负担所有行商一切的责任。他甚至说他愿意把十分之八的财产(约2000万元)捐给政府,只要政府允许他结束怡和行,安享他所余下的十分之二的财产(约600万元)。

从潘家和伍家如此巨量的财富,可见当时广州的外贸达到了何种规模。

下面,我们再来看一下中国贸易伙伴的变化。过去的"宋代经济革命论"者认为宋代在外贸上很开放。当然,宋代确实比唐代要开放,但是从贸易的量和贸易的商品内容来说,宋代远远不能和明代相比,而明代比起清代又是小巫见大巫。

明代中国最主要的贸易伙伴是日本、朝鲜、东南亚,然后是新来的葡萄牙、西班牙和荷兰。总的来说,最大的贸易伙伴是日本。到了清朝,中国继续与日本、朝鲜进行贸易,而中国与东南亚的贸易远远超过了明代,其中一个原因是大量的华人移居东南亚。一些东南亚国家的贸易使团,实际上主要是华人。更重要的是,新的西方强国来到这里,英国、美国、法国这些国家的经济力量比西班牙、葡萄牙、荷兰强大得多。另外,在陆地上也有重大的变化,俄罗斯成为中国重要的贸易对手。这里要强调的是,19世纪中国最大的贸易伙伴是英国,因为英国是当时西方最富、也最强大的国家。

在明代,中国和朝鲜之间的贸易主要还是朝贡贸易,朝鲜每年派人来朝贡,顺带进行贸易。这个制度延续到清朝,但是清代朝鲜贡使来的频率比明代高得多。按照明朝的规定,朝鲜的贡使是三年来一次,但是到了清朝几乎是每年来一次,而且规模也越来越大。朝鲜贡使到北京来的一个目的就是来做生意。清代朝鲜贡使每年采买的绸缎,价值达七八万两,乃至十万两不等,年年都买,这是朝鲜官方的贸易。至于民间的贸易,河北生产出来的棉布,朝鲜是重要的顾客。中国和朝鲜在过去文化交流很多,政治上的交流也很密切,但是真正变成经济上的密切却是在清代。

日本与中国的交往,在明代比较多。到了清代,日本实行锁国政策,但是与中国的经济交往规模比明代更大。康熙二十九年(1683)统一台湾以后,中国开放海禁,日本很快变成入超国。因为没有什么东西卖给中国,日本只好用黄金和白银来支付,这使得日本黄金和白银大量流出。日本政府对此深感忧虑,一限再限。中国是日本第一大贸易伙伴,中国货物输往日本的主要是制成品,而日本出口到中国的虽有一部分是制成品(如刀剑等)以及海产品,但是最重要的是铜,因为日本是亚洲最主要的铜生产国之一,而中国是铜缺乏的国家。中日贸易变得越来越大,所以在1688年出现唐人坊之后,唐人坊就成为日本最重要的贸易区。日本的进出口贸易控制在中国商人手里。到了明治维新以后,情况才发生改变。

在与北边邻邦的贸易方面,情况也发生了很大的变化。明朝和蒙古之间,有一些政府控制下的贸易(互市),但规模不大。到了清代,中国和俄罗斯的贸易迅速发展。在中俄贸易中,中国主要是输出制成品,而在输入商品中最重要的是皮毛和人参。清朝统治者并不把俄罗斯人看作欧洲人,而是把他们看作类似蒙古人那样的北方草原民族,所以也给俄罗斯一些贸易的优惠。俄罗斯人卖给中国的东西也与蒙古人差不多,皮毛是最大宗。中俄边境的恰克图贸易,开始贸易额才1万卢布,后来增长到100万卢布,到了19世纪初的时候达到了1000万卢布。在恰克图有众多的商号,全是山西商人在经营。山西商人不单从事边境贸易,他们的生意遍布俄罗斯,一直到莫斯科、圣彼得堡。他们也把俄罗斯的货物拿到中国来卖。在山西就有"羌货庄"专卖俄罗斯货物,因为普通老百姓不知道俄罗斯人是什么人,想来和羌人差不多,所以把俄国货物称为羌货。这里要提一下大盛魁,这是三个山西肩挑小贩(太谷县的王相卿和祁县的史大学、张杰)创办的商号,后来发展成为对蒙贸易的最大商号,极盛时有员工六七千人,商队骆驼近两万头,活动地区包括喀尔喀四大部、科布多、乌里雅苏台、库伦(今乌兰巴托)、恰克图、内蒙古各盟旗、新疆乌鲁木齐、库车、伊犁和俄国西伯利亚、莫斯科等地,其资本十分雄厚,声称可用五十两重的银元宝,铺一条从库伦到北京的道路。

在清代,与日本、朝鲜、蒙古、俄罗斯的贸易扩展得很快,但是发展最快的还是与西方的海上贸易。在清朝正式开放的口岸广州,已有不少外商居住在这里。清代海外贸易发生了重大的变化,在18世纪中叶以前,和中国发生贸易关系的西方国家有很多,没有一个国家占绝对优势。在1836年的时候,来广州进行贸易的欧洲商船有十来艘。其中英国五艘,法国三艘,荷兰两艘,瑞典、丹麦各一艘。英国多一点,但也没有占到一半以上。到了19世纪后期,中英贸易迅速增加。到了19世纪末期,英国成为中国最重要的贸易伙伴。1793年马嘎尔尼爵士带领一个庞大的代表团,来访问中国。马嘎尔尼是原来英国驻印度马德拉斯的总督,是一位很有经验的外交官。他带着英王乔治三世的国书,还带了大量的礼物,包括代表英国当时工业和科技成就的太阳系天体运行仪、航海望远镜、战舰模型等科学仪器,准备送给乾隆皇帝。英国为什么派规格如此之高、阵容如此之大的代表团来华呢?因为中英贸易已经发展成当时世界上最大的贸易之一。英国派他们来,最重要的目的是要与中国建立正式的外交关系,并要中国开放更多的港口给英国进行贸易,而且要采取自由贸易,而不是采取公行来进行贸易。但是对于清朝来说,这些要求是不可接受的。在乾隆皇帝眼中,英国不过就是一个僻处海陬的蛮夷之国,怎么可能与煌煌天朝上国建立平等的外交关系?因此根本就不想接见他们。马嘎尔尼于是声称今年是乾隆皇帝八十大寿,我们特来祝寿。清朝政府同意了,但要他按照藩属的礼节,三跪九叩。他说我们在英国与国王见面都是握握手,哪有什么三跪九叩?更何况我们英国是世界上最强大的国家。乾隆皇帝回答很简单:那么你就回去吧,我根本就不屑于见你。他做了很多工作,最后乾隆皇帝同意接见他,但是不是在北京,而是在承德热河行宫。接见时必须要下跪,再三谈判之后跪一条腿,所以后来他一肚子气地回去了。乾隆皇帝写了一封回信给英国国王乔治三世,那口气非常傲慢:"天朝物产丰盈,无所不有,原不假外夷货物以通有无,特因天朝所产茶叶、瓷器、丝巾为西洋各国尔国必须之物,是以加恩体恤,在澳门开设洋行,俾得日有用资。"

乾隆皇帝说话之所以这么"牛",是不是由于无知?最近西方出版了一本书,写马嘎尔尼使团到中国的细节。该使团到了广州之后,先到宁波,之后坐大运河的船只到北京,每一天清朝都在监视他们。他们到底有什么人？想干什么？带来的仪器到底怎么样？清朝把他们带来的仪器和传教士带来的仪器进行比较,结论是英国使团带来的仪器和早先传教士带来的差不多,不过更新一点而已。根据收集到的这些情报,更重要的是由于中国在国际贸易中处于非常有利的地位,所以乾隆皇帝当然"牛"得起来:进行贸易不是我求你,而是你求我,而不像今天加入WTO是我们去求人家。如果今天我们的实力地位像乾隆时的中国那么强的话,那WTO也肯定要请求我们去加入它了。

2. 1800年以后的衰落与外贸的关系

中国与外部世界关系的大变化,出现在19世纪中期以后。英国为什么会成为中国最主要的贸易对手？因为英国发生了工业革命,成为世界上最先进和最强大的国家。1775年到广州的船只38艘,英国船占了差不多2/3。18世纪初期,中英贸易额不过50万两左右,到了18世纪末,增加到1000万两以上,占了在广州的外贸总量的差不多80%,所以英国成为了中国的第一大贸易伙伴。为什么英国要派一个庞大的代表团到中国来访问？就是因为两个国家互相都成为最重要的贸易伙伴。但是中英贸易对英国比对中国更加重要。英国大量进口中国的茶叶,单是茶叶的进口税一项,每年就达到100万英镑左右,后来降低茶税后,茶叶收入还占到英国财政收入的10%。这是非常大的数量。

在此贸易中,中国人对从英国输入的其他东西,除了钟表之外,都不大感兴趣。中国人觉得,英国的主要出口商品毛呢,穿在身上并不如丝绸那样舒服,那何必要穿毛呢呢？因此中国从中英贸易中输入的最主要的货物是印度棉花。但是印度棉花的生产能力是有限的。中国对印度棉花的需求量很大,而且英国自己也需要,所以不能再进一步增加棉花的出口。怎么办呢？英国只好像其他国家一样,不得不使用硬通货来支付贸易逆差。硬通货是什么？是白银。为什么是白银？因为中国的货币是白银。中国在世界经济中的地位如此重要,中国只收白银,所以大家只好用白银来来支付。就像今天因为美国的经济很强大,所以美元成为最强势的货币。关于白银流入中国的数量,有各种不同的估计。据全汉升先生估计,西属美洲是世界主要的产银地,所产银约有 1/2 流入中国,在 1571—1822 年间,流入中国的西班牙银元有 2 亿元以上。吴承明先生估计 1650—1833 年间有 1.38 亿两银(约 4310 吨)从西方流入中国;而同期中国国内银产量仅有 7000 万两(约 2190 吨)。最近弗兰克则估计在 17、18 两个世纪,有 4.8 万吨白银从欧洲和日本流入中国,再加上中国自产和从东南亚、中亚输入的白银(1 万吨),进入中国的白银共达 6 万吨,占世界白银产量的一半。全世界白银的一半跑到中国来,说明什么呢？说明中国在国际贸易中处于非常强势的地位。

从上述可以看到,19 世纪初期以前,中国经济的繁荣和外部世界的关系很密切。19 世纪中期以后,中国经济的衰落和中国外贸的衰落也是相一致的,份额不断地下降。1913 年中国出口在世界的份额只剩下 1.7%,1952 年只有 1.6%,1979 年更降到 1%。中国 1973 年人口占了世界的 23% 左右,但是贸易只占全世界的 1%！这正是匪夷所思之事。

3. 1979 年以后中国在世界贸易中地位的变化

1979 年以后,和中国经济起飞同时发生的,是中国外贸的突飞猛进,因此莫尔认为中国经济的成就取决于开放。依据一些学者的研究,1980年外贸额只占到中国GDP的13%,1990年代中期占到35%,2000年占到50%以上,比例比美国还高。这表明中国经济已经十分开放。在1975年到1979年,中国在全世界120多个国家中是经济最不开放的国家之一。但是了1990年代,中国经济的开放程度已经排名世界第三。美中交流委员会的主席拉迪(Nicolas Lardy)说:与日本或者是韩国在经济发展较好阶段上的情况相比,今天中国经济融入世界经济的程度更高,而且比上述国家更开放。开放的结果是什么呢?中国的外贸高速成长,特别是出口。每年增加15%以上,速度是世界第一。

中国1977年在世界外贸排名第三十七,不如欧洲的小国比利时,但是到2000年排名第七,2001年排名第三,到了2011年已变成世界第一,外汇储备也全球第一。中国和邻国以及主要贸易对手之间的贸易,几乎从零开始,在几十年间发展惊人。2003年,中国成为日本的第一大贸易伙伴。中国也是韩国的第一大贸易伙伴,是美国和欧盟的第三大贸易伙伴,按照现在的速度发展,中国很有可能成为美国的第二大贸易伙伴。而且有趣的是,和18世纪情况相似,中国在外贸中基本上处于出超地位。也就是说,中国卖出去得多,买进来得少。2000年以前,中国每年贸易顺差平均是300亿美元以上,现在就更多了。据美国的统计,中国在外贸顺差方面,在2000年已取代日本,加入WTO后,中国外贸以及外贸顺差增加得更快。

六、为什么中国经济发展离不开外部世界?

为什么中国经济的变化会和外贸有那么密切的关系?为了回答这个问题,我们需要看看中国经济的特点。从前我们在中小学读书时，课本上总是说我国地大物博，人口众多。但是事实上，我国人口确实众多，而现代经济所需要的许多重要资源却十分贫乏。对此，我们必须有清醒的认识。

一个朋友曾说：老天对中国很不公平，你看俄罗斯有那么多石油，印度有那么多铁矿，巴西有那么多森林，而中国只有众多的人口。但是中国经济为什么还会发展得比俄罗斯、印度、巴西都要好，归根结底是中国人民的特点。前些年美国出版了一本书《谁养活中国》，认为中国人口太多，在毛泽东时代搞定量供应，一个大学生一个月25斤粮食就可以打发过去，因此还可以勉强生活。现在供应放开了，大家的消费水平提高了，中国人也要吃得好，因此中国的农业就不能承受了。那么，谁来养活中国？一个可能是中国富起来后，有钱把美国、加拿大、澳大利亚生产的剩余粮食都买过来。但是这样一来又引起新的问题：国际粮价被中国抬高了，中国买得起，许多第三世界穷国却买不起。一些对中国有歧见的西方学者还认为，中国的发展把其他发展中国家的发展道路都挡住了。例如石油，现在中国是仅次于美国的第二大石油进口国。油价在中国经济起飞的时候才20美元一桶（1979年），而到2008年已达100美元一桶，比三十年前涨了几倍。印度经济开始起飞后，也需要大量石油，但油价已经太高，买不起那么多油，所以只好发展软件。近年来，全世界生产出来铁矿石的40%被中国买走，其他的国家想要发展钢铁工业，就买不起铁矿石了。现在有一些国家开始敲诈中国，比如说要成立铁矿石输出联盟，要提价，提价之后中国不得不买。由此可见，中国资源确实是太少，维持一个农业社会可能可以，但要发展现代工业经济，那是肯定不够的。

但是中国却有一种比其他国家更加优越的资源——人力资源。

经济学史家德·弗理斯(Jan de Vries)总结说:近代资本主义人力资源有三大特征,即工作勤奋、重视教育、具有商业精神。他认为英国之所以能在18、19世纪欧洲诸国的竞争中胜出,就是因为英国的人力资源有这三大特点,而这三大特点是资本主义成功的关键。而中国的人力资源就具备了这三大特点。

1. 勤奋

德·弗理斯提出了"勤勉革命"(industrious revolution)这个概念,意思是欧洲人从此开始比较努力地工作,变得更加勤奋,人们改变了金钱和休闲之间的相对平衡,变得比较愿意接受较长时间的工作,来获得货币实物。不愿意劳动太辛苦是人的本能,没有人天生愿意比别人更辛苦地工作。只有在某些条件下,人才会变得更愿意辛苦工作。这些条件是什么?主要是物质主义。就是说,我要比我的邻居过得好,哪怕只是一种面子上的好。比如说别人只能开一辆普通的国产车,我一定要开一辆凯迪拉克,哪怕实际上舒服的程度差不多,但我觉得很有面子,在心理上很舒服。但是为了这辆凯迪拉克,我可能要比我的邻居多工作许多时间,要吃苦,要节约,但是我愿意。这就是物质主义。

物质主义在欧洲出现得很晚,即使在英国也是如此。英国女王伊丽莎白一世时发生圈地运动,农村出现很多剩余劳动力。这些人不愿意去做一些累人的工作,因此到处流浪。政府用非常严厉的立法来强迫他们去工作,包括鞭笞、烙印乃至割耳等血腥的办法,强迫他们到了工厂里,一天劳动十二个小时。后来物质消费主义出现之后,英国人变得勤奋起来,不用鞭子也努力工作。在18世纪后期,英国人和荷兰人成为欧洲工作最勤奋的人。

在中国,勤奋工作出现得比欧洲早。我们不能说唐代或者宋代的人工作很勤奋,因为尚未从史料中获得证据。但是到了明代后期,江苏、浙江、江西、福建一带的人已经以勤奋著称。他们勤奋工作的动力就是赚钱,赚钱之后消费,比别人过得好。这就是为什么到了那时候,一些特殊的消费品像烟草、鸦片、绸缎等,会迅速流行起来。中国人的勤奋由此形成习惯,特别是变成了中国东南部人民的特点,大家都知道不奋发、不努力就不会变富,而这种观念在很多国家是没有的。

2. 重教

柏金斯认为中国传统文化的一个重要特点是高度重视教育。正是因为如此,所以到了今天,全国才会在高考时进入一种"准紧急状况"。高考那几天(甚至前几天),考场附近不准有声响,建筑工地要停工,交通要管制。这种现象,全世界都没有,只有中国有。但是这不是自古就有的。宋代以前,教育是上层社会的专利。教育深入民间,重视教育成为一种全民的心态习惯,是宋代以后才有的。中国的科举制度,至少从理论上来说,科举考试对社会中所有男子都是开放的。朱元璋改革科举考试方式,决定采用八股文后,像范进、孔乙己这类生活在下层社会的人,就都可以通过国家考试制度,进入上层社会;而像贾宝玉这样大富大贵之家的公子哥儿,如果不去参加考试,哪怕血统再高贵,也不可能做官并由此进入上层社会。所以在这种激励下,中国重视教育的传统变成全民的行为。

过去大多数学者认为:中国大多数人无法接受教育,因此中国是一个文盲占人口大多数的国家。但在19世纪中期以前,中国还没有陷入内乱外患的恶性循环时,情况并不如此。用近代早期的标准来看,清代中国识字率非常之高。罗友枝(Evelyn Rawski)估计在清代中国男子的识字率为35%到45%,女子是2%到10%。在经济发达的地区如广东,农村男子的识字率差不多有50%,广州城则达到80%—90%,即几乎所有的男子都识字。而在长江三角洲,比例可能比这个还要高。今天印度成人的识字率为50%—60%,大多数非洲国家还更低。所以在19世纪初期中国能达到这样高的识字率(特别是在中国东部,大部分成年男子都能识字),这是非常了不起的。

到了19世纪初期,在中国东部地区,上学读书已经成为一种大众化的现象,并不是有钱人才能读书。在明朝末年小说《鸳鸯针》里,描写了浙江杭州郊区农村里一个私塾开学时,家长们都送小孩来读书。那都是什么家长?

> 卖菜的短褂随腰,挑担的破肩连顶。
> 种田的两只泥脚未曾干,算命的一部揸须连口臭。
> 行医的不分苍术生陈,说媒的开口东张西李。
> 做烧卖的浑身米屑,当厨役的遍体油飞。
> 充皂隶的高步上座,做里长的尖帽青衣。

这些都是社会下层的人,但都送孩子去农村私塾读书。到了清代嘉庆、道光时期,在浙江湖州一带,小孩学习三年会写字之后就回家种地。男子七八岁就跟老师读书,有空就回家去割草喂羊,或随父母做一些工作。杭州一带的农村小孩,读书到十五岁就回去种田。在江苏松江一带,男孩五岁到十岁就去识字,穷人也是如此。即使要去谋生的话,小学也还是要读。所以中国的传统,在18、19世纪初期的中国东部,已经不是为了考科举才重视教育。大众送孩子去学会识字,并没有想让他们去考科举,因为没有可能。那么读书是为什么呢?是为了获得基本的读写能力,日后用于商业,比如订立契约、做买卖、典当等等。重视教育意味着可以更快地学会技能,因此对于提高劳动力素质有重要作用。

3. **商业精神**

要勤奋工作,要努力学习,一定要有动力。勤奋工作和重视教育的根本动力是什么?是市场经济。对于大多数人来说,动力主要来自是外界,也就是竞争的压力。在这种竞争中,你做不好,你就不能过得比别人好。竞争往往通过市场来发挥作用。在18世纪和19世纪初期,中国东部的经济已经相当商业化了。只有提高劳动技能和文化水平,才能够在竞争中不至于被淘汰。除此之外,还要有商业才能,才能在竞争中处于主动。柏金斯说:19世纪的中国农民已经掌握了相当多的商业知识,能够进行买卖、借贷、典当、抵押、租借、雇用、承包等行为,而且知道书面文契的重要性,这是非常重要的。为什么?因为在今天的世界上,许多国家的人民还不会做这些事情。最典型的例子就是俄罗斯。俄罗斯人民在军事、科学、文学等方面具有天赋,但在商业才能方面却比较欠缺。苏联解体之后,叶利钦政府解散集体农庄,把土地分给农民,让他们作为独立农夫去耕种。很多地方的农民却拒绝接受土地,因为他们说不会自己经营。这是自沙皇时代农奴制遗留下来的传统,上面命令,下面执行,上面怎么说就怎么去做,现在要自己搞买卖、借贷、典当、抵押、租借、雇用、承包,实在太复杂,做不了。

中国人民(特别是东部地区的人民)在明清几百年中,一直受到商业化的熏陶。作为结果,商业精神已经融化进血液里,到哪里都能表现出来。这就是为什么成千上万福建、广东的穷困农民在自己家乡活不下去,跑到东南亚、美洲之后,很快就发家致富。大家知道林绍良,他出身于福建福清县的一个农民家庭,十几岁跑到南洋,现在是印度尼西亚的首富。他出去时不识多少字。但福建人的商业才干,早已通过传统文化,在他的心里已经打上了深深的印记。大多数中国移民都是这样,所以许多外国学者觉得非常不能理解:为什么这些不识字的中国农民,被作为契约劳工(即"猪仔")贩卖到美洲、东南亚,契约期满后,没有人再干农业,全部去做商人。从小商小贩一直做到最大的商人。为什么?就是因为他们在自己祖国时,环境已经使他们具备了商业的才能,所以他们到了新地方后,当地土著没有这方面的才能,从而无法和他们竞争,因此他们在竞争中当然就占了很大的优势。

中国人民在明清时期已造就了吃苦精神、重视教育以及商业才能,所以中国的劳动力成为一种重要的商品:苦力。为什么?因为许多地方的人民没有像中国东部的人民那样,经历过几个世纪的三种因素的熏陶,因此中国的劳动力有很大的不同。苦力的后代没有人再做农业,甚至很少再做体力劳动的,绝大多数人变成了商人,并且支配着当地的经济。这些,就是中国劳动力的特点。

中国自然资源不足,但劳动力质量很高。在世界经济中要扬长避短,就要弥补资源劣势,发挥人力优势;而主要的方法是通过贸易,用人力来换取资源。今天我们大家都知道这一点,但是这个办法并不是今天才出现。

蒲安臣(Anson Burlingame)是美国很有名的政治家,共和党的创始人。非常有意思的是,他做过美国驻华公使,也做过中国驻美公使。清朝和美国建交之后,找不到合适的人去做美国大使,所以就请他来做。马克·吐温对他的评价很高,说"他对各国人民的无私帮助和仁慈胸怀,已经越过国界,使他成为一个伟大的世界公民"。他对中国很有感情,做了中国驻美公使后,到美国商会去演讲,对美国商人说:"把你们的小麦,你们的木材,你们的煤炭,你们的白银,你们的货物交给我们,我们尽我们的全力送到中国,为你们带回茶叶、丝绸和自由劳动力。"小麦、木材、煤炭都是资源,而茶叶、丝绸都是制成品。换言之,他的意思就是把美国的资源送到中国来,然后把中国制成品送到美国去。当然,他想把自由的劳动力带到美国是不现实的,因为中国工人工作太过于勤奋,工资又低,引起白人工人的愤怒。1868年美国通过了《排华法案》,不允许中国人再去。但是他的思路就是用西方的资源来换取中国的劳力,或者中国劳动力加工的产品。这是很有道理的。到了今天,我们看到历史又再重现。由于中国劳动力质量优秀,所以能够迅速学会先进技术,降低生产成本。这种情况不是今天才出现的,而是清代就已出现了。

所以,关于中国经济的变化和外部环境之间的变化的关系,我们可以总结为一句话:世界离不开中国,中国也离不开世界。从我们中国自身的情况来看,中国更离不开世界,因为我们资源确实匮乏。如果不通过与外部世界的贸易改善我们资源匮缺的状况,我们的人口不仅不是优势,而且是劣势。任何一笔财富用十三亿来除的话,那都是微不足道的。

4. 18世纪中国繁荣的基础

我们具体来看一下18世纪中国繁荣的基础。首先是中国国内的中部、西部资源的大开发。中国中部地区(湖北、湖南等地)的资源,在明朝时开发颇为有限,而东北则完全没有开发,只是在辽河流域有很少的汉人移居。再看西南部,明朝四川人口不多,云南、贵州人口更少,因此开发非常有限。但是清朝就不同了,不仅西南以及东北得到大开发,中部也得到进一步开发,并在此基础上形成了统一的国内市场。这是18世纪中国繁荣的内部资源基础。

18世纪中国繁荣的外部资源基础与东亚贸易圈的形成有关。

滨下武志先生认为东亚贸易有三个圈,第一是中国东部,以长江三角洲为中心;第二是中国内地;第三是中国的边缘,即蒙古、新疆、西藏、日本、东南亚。这三个圈中心都在长江三角洲。换言之,东亚世界已整合成为一个经济圈,而长江三角洲处于东亚经济圈的中心,就可以享受到最大的好处。这也是为什么上海在改革开放之后(特别是邓小平南行之后),可以一下子迅速发展起来的缘故。最近日本有人对中国的兴起感到很恐惧,为什么?因为在这三个同心圆里,日本都在边缘。现在中国的经济规模是日本的1.5倍,如果以后变成两倍、三倍、四倍、五倍,那么日本真的就有可能成为边缘了。

处于这个东亚贸易圈的中心地位有什么好处呢?最大的好处是可以比较容易使用圈内其他地方的资源。18世纪长江三角洲经济的繁荣,绝对不是依靠长江三角洲本地的那点资源能够支持的。有些学者研究江南经济,总是说这里得天独厚。再得天独厚,也就是那么一小块地方,而且这里没有矿产,没有森林,没有能源,一定要依靠其他地方的资源。

在18、19世纪,中国东部由于居于东亚贸易圈的内核,所以日本的铜,美洲的银,东南亚的粮食、木材、锡、香料、药材,蒙古的牲畜、皮毛,印度的棉花、染料,俄国、美国的皮毛,都流向中国东部来了。广州所在的珠江三角洲之所以能够在18、19世纪变成中国第二大经济中心,很大程度上就是依靠外部的资源。珠江三角洲大量的土地都用来种桑树,本地出产的粮食经常不够吃,在很大程度上都是依靠从东南亚输入的粮食。当时有记载,中国的商人已经发现在浙江造船太贵,在福建造便宜一点,在广东造更便宜,在越南造最便宜,所以很多商人就去越南造,造成之后再开回来。再说美国,我在美国的时候看到一本讲波士顿商人的书,说阿拉斯加海豹的灭绝,就是因为清代中国人喜欢海豹皮,而当时美国没有什么东西可以卖给中国,就去打海豹,结果把海豹灭绝了,这是生态史上的一个灾难。中国将来兴起之后,可能还会引起很多问题。去年缅甸首都学生到中国大使馆示威,说中国现在大量进口缅甸的木材,使得缅甸北部山区的森林资源都耗尽了。他们说的可能也是事实,但是从另一方面也可见,处在一个经济中心位置,可以充分地利用别处的资源。

外部的资源进入中国之后,可以使中国的人力资源得到比较充分的发挥。我们今天讲"外向型经济",其实在18世纪中国最发达的地区的经济已经是一种外向型经济了。比如说纺织业主要在长江三角洲和珠江三角洲,而依照有些学者的估计,长江三角洲和珠江三角洲生产的丝绸,到19世纪中期,大约有一半是出口的。在当时的中英贸易中,由于英国大量入超,所以东印度公司鼓励商人运送印度本地的物产到中国。由于东印度公司给予港脚商人的条件相当优厚,于是大量的印度商品就被输入到中国。从1810年代到1820年代初期,棉花是印度输入中国的主要商品,1820年代以后,棉花每年的输入量仍然有增无减,但由于鸦片进口的急速增长,棉花的相对重要性退居第二位。在潘有度的时代,棉花是商人的主要商品。活跃于印度棉花主要产地古加拉特附近孟买的祆教商人也就具有举足轻重的地位。然而棉花的进口在1784年以后,每年都在20万担以上,1800年以后更超了30万担。珠江三角洲人民用这些棉花纺织出来的棉布,大部分出口到了英国。长江三角洲生产的棉布,也大量通过内河航运运到广州,从那里出口。现在英文中餐巾叫作nankeen,因为原来是以南京为中心的长三角地区生产的布。景德镇德化的瓷,福建安徽的茶,都是外销的。如果说没有国际市场,这些中国最发达的产业和地区,其经济发展是不可能达到这种水平的。

5. 19世纪中国衰落的基础

19世纪中期以后,一直到20世纪前半期,中国经济急剧衰落,这也和外部环境的急剧变化有密切关系。鸦片战争前,中国在东亚经济圈中处于中心地位,从而能够享受各种好处。西方人到来后把这个格局打破了,从而中国从东亚贸易圈中得到的好处也不复存在。更有甚者,西方人在中国划分势力范围,掠夺中国的资源。中国缺的是资源,富裕的是人力。把资源掠夺后,当然造成大量的人失业,中国的优势就变成了劣势。

在20世纪头三十年中,外国资本把中国最重要和最稀缺的重工业资源的控制权都抓到了手里。其中做得最凶的是日本,日本经济近代化的过程就是对外掠夺的过程。日本和中国在一些方面很相像,一方面是资源贫乏,另一方面是丰富而高质量的人力资源。但是日本和中国不同,中国有很大的腹地,并且已经和外部世界建立了密切的贸易联系,可以通过和平的手段来获得资源,而日本则否。日本一旦需要资源进行近代化,但又竞争不过西方国家,所以只好向中国下手。通过对中国的大肆掠夺,日本经济得到了发展,而中国经济就因此受到了重创。

在轻工业资源方面,西方和日本对中国的破坏也非常严重。鸦片战争开始后,中国失去关税的保护,使中国在全球化中处于最不利的地位。鸦片战争后,中国被迫签订不平等条约,中国丧失了关税自主权。不平等条约规定中国的关税仅为5%。这是全世界最低的关税。外国商品进入中国,只交5%的关税,然后再交2.5%的子口半税,就可以在全中国畅销无阻。而中国产品在国内,每到一个地方都要交厘金和别的附加杂税。所以即使在中国国内市场上,中国商品在与洋货的竞争中也处于不利地位。列强用暴力手段使得中国处于不平等的竞争地位,使得中国在全球化的过程中处于最不利的地位。

列强不仅剥夺了中国的关税保护,而且还用高额的关税来阻挡中国的产品输出。1840年时,西方棉布还无法和中国棉布相竞争,所以用高额的关税来挡住中国棉布,以保护工业革命最重要的部门纺织业。法国和英国在1850年签订优惠协定大大降低了关税后,法国对英国的纺织品还征收15%的关税,以保护法国自己的纺织业。但是法国对中国的纺织品进口却征收30%的关税,使得中国纺织品几乎无法进入法国。美国对中国棉布征收的关税,更是中国对美国征收关税的25倍。在这样的情况下,中国产品怎么进行竞争?

最大的变化发生在第二次工业革命后。到了这时,英国工业生产已经完成机械化,加上苏伊士运河开通,英国输往中国的布匹价格大幅下降。价廉物美,英国棉布输出到中国后,就把中国传统的棉纺织业打垮了。清朝著名的企业家郑观应写了一本《盛世危言》,这本书对20世纪初的中国人影响很大。毛泽东年轻的时候就受了这本书很大的刺激。郑观应在书里说:"洋布、洋纱、洋花边、洋补救、洋巾入中国,而女红失业;煤油、洋烛、洋电入中国,而东南数省之柏树不为材;洋铁、洋针、洋钉入中国,而业冶者多无事投闲。此其大者。尚有小者,不胜枚举。所以然者,外国用机器,故工致而价廉,且亦成功;中国用人工,故工笨而价贵,且成功亦难。华人生计,皆为所夺矣。"外国商品进来,中国没有关税的保护,因此中国的传统工农业就完了。吴承明先生估计,仅只进口的洋纱、洋布两项,即相当于8亿个手工劳动日,仅此就导致了数百万人失业。中国丰沛的劳动力,就从一种优势变成了劣势。这些人没有工作,就没有饭吃,那怎么办?唯一的出路就是造反。很多研究太平天国的学者指出,太平天国与鸦片战争以后出口中心转到上海,广东大量劳动者失业有关。

大家起来造反，这就加剧了中国内部的动荡。再加上外部如日本发动战争的破坏，经济当然越来越坏，使得中国在国际分工中总是处于最坏的地位。到1979年之后，中国的国际地位变得越来越好，能够以和平的方式进入世界市场，在其中扬长避短，获得利益，所以能够有好的发展。

最后，可以总结说，在经济全球化的过程中，中国离不开世界，这是一个客观的事实。对这个客观事实进行研究，有助于我们修正过去对中国经济史上很多重大问题的看法。20世纪最后的二三十年中国经济起飞，证明了过去很多看法是有偏见的，是西方中心论的产物。所以，我们有义务和责任，为解读中国近几百年的历史提供新的解释。

多民族背景下的中国边陲

姚大力

很荣幸能有机会从我自己的专业角度,也就是从中国民族史的角度,向各位谈谈我对中国边疆和民族问题的一些看法。我认为,对中国边疆与民族问题的认识能不能有一点深度,与我们是否具有这样一种历史向度的思考力,或者说在观察当代问题时是否有一种寻本思源、谙古知今的历史背景意识,是非常密切地关联在一起的。

今天想讲三个问题。首先,我要简单地回顾一下中华民族历史文化和中国国家建构如何形成、发育和成熟的漫长历史过程。以下我会用"从南向北"、"由北到南"、"自东往西"这样三个主题词来概括上述历史过程。这个过程讲清楚了,我们就比较容易理解中国边疆民族问题的特殊性究竟在哪里。另一方面,这个特殊性也并非全然是孤立地从中国本土产生出来的;它还与19世纪传入中国的现代民族主义思潮紧密联系在一起。所以接着要谈的,是民族主义思潮的产生、演变和它在当代世界遇到的困境,也就是 nation 为何及如何会演变为"国家"和"民族"这样两个不同概念,并且在它们之间导致激烈冲突的问题。最后,我将回到如何更真确地看待中国作为一个多民族统一国家的特殊性这个问题上来。

一

今天中国境内人口的绝大多数,都是在四五万年前从南部边界地区进入中国的不多几批祖先人群的后裔。这是靠十多年以来分子人类学研究的前沿成果才能告诉我们的新知识。

分子人类学是在分子水平上研究人类遗传和变异的一门新型学科,也叫基因遗传学。广义的基因,即生物体内的遗传物质,其化学成分就是脱氧核糖核酸(DNA)。除存在于细胞质的线粒体里以外,人类基因大多存在于细胞核的染色体里(核基因组),把卷缩起来的染色体拉长,就能看见包含四种不同碱基的脱氧核苷酸按一定顺序排列而成的长链,这就是基因(见图1)。

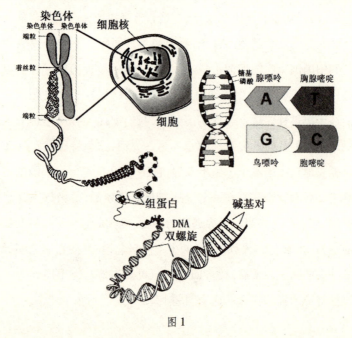

图1

人体内核基因分为常染色体基因和性染色体基因两类;后者又分为X染色体基因和Y染色体基因两种。在从祖先向子孙逐代传递的过程中,常染色体基因和X染色体基因不断发生重组。因此它们很难被利用来追踪血族之间代代遗传的历史。而只存在于雄性细胞中的性染色体,即Y染色体基因组,以及只通过女祖先传递的线粒体基因组,都不存在重组的问题。除非发生随机突变,它们都可以相当稳定地随子孙繁衍而被世代继承下去。就Y染色体而言,所谓随机突变是指在下一代男性所继承的来自父系Y染色体的3000万个碱基中,平均会有一个碱基发生变异。而祖先基因组中的每一次随机突变,也都会被保留下来,在其所有后代的基因里留下一个记录此次变异的遗传标记。因此,从理论上说,根据先后产生在这个血缘群体诸多成员的遗传物质不同位点上的一列遗传标记,就可以把属于同一祖先后裔人群中的不同世代、不同支间的遗传关系追溯出来,并把它们连接为一个树干状系谱,显示出这个血族团体中的主干、分叉、再分支,或者也可以说是主流、支流、次生支流的派生关系。

上面所说的原理不仅可以用来追溯按严格的父系或母系血统繁衍而成的家庭、家族和宗族等纯血统人群的遗传历史,而且也能适用于研究大型的、乃至如汉族这样超大型人群的遗传历史。与父系或母系家族以及宗族不相同的是,大型人群毫无例外地全属于血统上的混合人群。不同的混合人群间如果存在着不同的遗传结构,那么我们就可以根据他们各自所拥有的某个或者某些特定遗传标记,或者这些遗传标记在不同混合人群中的不同组合比率,把它们各自的遗传结构区分开来。在从事大型人群的遗传分析时,常染色体遗传标记对于估计混合人群的混合比例和混合发生的时间也很有用。

根据以上原理,学者们通过追踪Y染色体遗传标记,在1997年绘出了全球人类的系统发育树。在这棵系统发育树中,最早出现的人类分支都产生在非洲人群里。而后再分出欧洲人、亚洲人,从亚洲人再分出澳洲和美洲人。这说明现代人类最古老的祖先在非洲,而他们走出非洲的时间是大约6万至5万年前之间(见图2)。

2009年,国际合作的"泛亚计划"项目组在《科学》杂志上发表了根据亚洲十个不同语系的七十三个群体的近六万个基因样本做成的亚洲人群进化树(见图3)。在这样一幅分布图景里,我们看到,先后有四支人群进入今天的中国境内,成为绝大多数现代中国人的祖先(见图4)。第一支是沿着海岸线东行的"早亚洲人",在大约5万年前沿所谓藏缅走廊进入中国。在今日所谓南亚小黑人(尼格利陀人)、白马藏人、日本虾夷人里,都留下了他们的共同遗传标记。第二支还是从同一拨"早亚洲人"里分出来的,约在3万年前左右进入南部中国,他们的血统较多地保留在今天的蒙古语和满—通古斯语各人群中。第三和第四支进入中国的人群,属于穿越伊朗高原南部和印度次大陆的那支所谓"晚亚洲人"后代。他们大约在3万年前

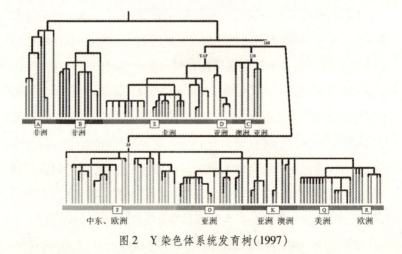

图2　Y染色体系统发育树(1997)

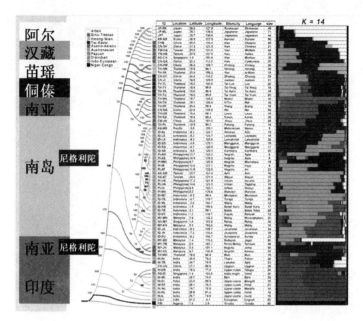

图 3

到 2 万年前分别从广西和云南进入中国。从前一支人群中发育出现代壮侗语各民族,后一支人群则成为现代苗瑶语、藏缅语各民族和汉族的祖先。

来源于分子人类学的独特信息,可以使我们产生以下几点关于中国民族史的新猜想:(1)现今发现的绝大部分中国旧石器文化的创造者,与现代中国人之间基本不存在直接遗传关系。(2)原始汉语和原始藏缅共同语的分化,大约在六千年左右。而壮侗语与马来—波利尼西亚语的关系,似乎应当比它与汉语、藏缅语的关系更近,所以它好像不应该被划入汉藏语系之中。(3)关于长期争论的阿尔泰语系是否成立的问题,答案也许是它可以成立,但只应当包括蒙古语和满—通古斯语,或者再加上高丽语和日语。至于突厥语人群的形成,包含着诸多更早分化出来的来自中部西伯利亚及其以西

图 4

地区各人群的成分,因此他们的语言与蒙古语和满—通古斯语相比差异较大,是可以理解的。(4)汉民族向南部中国的扩散,肯定是包含了人口流动和文化传播两个层面的综合过程。但这两个层面之间的关系到底如何?基因检测的结果告诉我们,北方汉族对南方汉族人口的父系遗传贡献约在 90% 以上;而南方土著妇女对南方汉族的母系遗传贡献约有 60%。这些都显示出跨学科研究可能给知识创新带来的巨大潜力。

我前面提到的中华民族历史文化"从南向北"的展开,就是指史前人类自南方进入今中国境内,并在讨寻生活资源的艰苦迁徙中不断分化、融合的这段故事。他们在全国各地留下了许许多多的史前文化遗迹,创造出一幅中国史前文化多头起源、多元发展,并在早期人类拓宽自身生存空间的过程中互相发生交互影响的灿烂画面。

但是,这样一幅画面,在公元前两千年左右,随着"三代"在华北的兴起而结束了。在如同星汉般灿烂壮美的晚期新石器文化和铜石并用文化之后,我们接着看到的,是华北各史前文化在逐渐被整合为一体的同时,超越全国各地其他史前文化而真正跨入文明的门槛。著名的夏、商、西周三代在华北的突起,就是这一跨越的历史成果(见图5)。在从此以后的很长一个历史时期,华北成为中国历史文化不断向前推进的动力所在。现在历史变迁的空间节奏从"从南向北"转变为"由北到南"。华北的经济文化与社会发展遥遥领先于中国其他地区,并把自己的强大影响一波接一波地向它的外围、尤其是南部中国扩散开去。

分布广泛、数量繁多的中国史前文化,为什么会在华北最早实现了走向文明的突破呢?这个问题不太好回答。但我想生态环境一定是其中最重要的原因之一。面对南部中国多山、多树丛沼泽、河流到

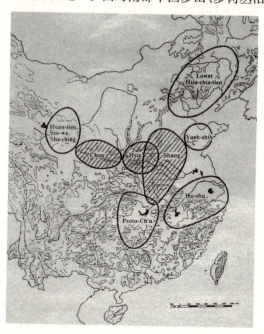

图5 "三代"的地理位置

处泛滥无常的自然环境,使用石器、木器的原始农业人群只能以较小的人口规模长期生活在相对孤立的小块地域里。在那些地方,河里有鱼蚌,丛林中有蔬果鸟禽,生活资源相对丰富,可是想要拓展生存空间却极其不容易。而在华北黄土地带(包括西部黄土高原与黄河中下游冲积平原),情形正好相反。黄土地易于垦殖,但所能提供的生活资源又相对匮乏,迫使那里的原始人群必须并且也有可能不断地扩大自己的生存空间,由此也就极大地提高了各人群内部以及他们之间社会互动的程度,从而推动着那里的社会控制与社会动员的技术和幅度都以超越上古中国其他地区的规模发展起来。在这里我们看到,不同人群间的交流互动、社会控制和社会动员技术的发展、乃至产品分配和财富积累方式的改变,成为华北的史前文化最终被提升为一种新文明的最重要牵引力。

这种北强南弱的形势,非常生动地反映在公元前2世纪到公元1世纪之间两个伟大的历史学家,即中国"历史学之父"司马迁和《汉书》作者班固的记载中。在先后从当日处于经济文化核心地位的华北俯瞰中国南方的时候,两人都用"江南地势低湿,男子大多短寿早夭"来概括江淮以南的人类生存状态。他们写道,江南地广人稀,农夫先放火烧田,再浇水浸泡焚燃杂草留下的灰烬,就地肥田,然后种稻。因为蔬果鱼虾富饶,生活容易,所以南方百姓多苟且偷懒,既无受冻挨饿之人,也无千金大富之家。可见明显的社会分化还没有在大部分土著人群中发生。他们说着各种各样的语言,包括今壮侗语族、藏缅语族,以及孟—高棉语族各支语言的前身。宋人已曾注意到,在古代"江"字只用于指称南部中国的河流。它极可能是为记录孟—高棉语族中"河流"一词的读音 kroŋ 而专门创制的一个上古汉语外来词。由诸如此类的证据可以推知,在长江流域曾经分布过一大批使用孟—高棉语族诸语言的人群；同时，现有证据也显示出，今壮侗语各族的祖先人群也是构成南部中国人口的重要成分。当南部中国诸人群大体身处于这样的生存状态之时，中原的华夏文明却早已呈现出一派远为发达成熟的形态。还是用司马迁的话来说，在华北大小城市里，来往的行人拥挤到摩肩接踵的程度；把他们的袖口拼接在一起，可以连缀成一幅遮蔽太阳的大天幕。熙熙攘攘的人们个个行色匆匆，都在为争利图财而奔走。

　　上述政治、经济和文化各方面都北强南弱的差距，在公元后的第一个一千年里逐渐被缩小了。推动着此种变化的一个最重要的原因，乃是北方汉语人群的大规模南迁，以及随之发生的汉文明由北向南的大踏步推进与拓展。这个时期最令人注目的汉语人群大规模南迁运动，分别发生在公元310年代和750年代，也就是由"五胡乱华"引起的"永嘉南渡"和标志着唐王朝由盛转衰"安史之乱"以后。南迁的北方人口放弃了原先种植谷子、小麦、高粱等旱地作物的农耕方式，像南方当地人口一样从事产出更高的稻作农业。他们对地广人稀的南方来说，不仅是珍贵的劳动力，而且成为全方位带动南方经济、文化和社会发展的重要人力资源。1120年代由金朝入主中原造成的"靖康之难"，引发了中国历史上第三次北方人口的大规模南迁。拿南宋末年南部中国的人口数目与五百年之前相比，长江下游地区的人口增长幅度为643%，闽浙等东南沿海的增长更高达695%，长江中游则增长了483%。而同时期华北人口不过增加了54%而已（见图6）。根据对近代以前欧洲农业状况的估测，在相同面积的土地上从事畜牧业、小麦种植或水稻种植，由以获得的热量比分别为1:4.4:21.6。除了南方本来就地广人稀之外，那里能够持续不断地接纳并消化这么巨大的北方移民潮的另一个重大原因正在于此。

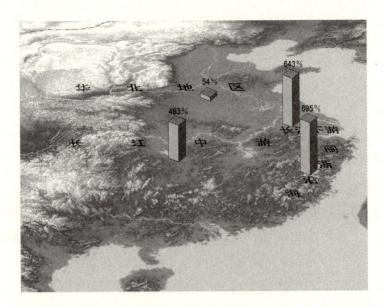

图6

随着南部中国的人口增加和生产开发,北方汉人开始改变对南方的印象。这种改变,其实在安史之乱阻断了华北对唐朝中央政府的税赋供给后,就已经被人们猛然看破。人们发现,"中原释耒"之后,中央政府依靠从南方抽取经济支持,就是所谓"漕吴而食、辇越而衣",居然也足以支撑下去。所以杜牧说,"今天下以江淮为国命";韩愈说,"当今赋出于天下,江南居十九"。到两宋之际的又一次北方人口大规模南迁之后,南方就从赶上北方而进入超越北方的阶段。

南宋王朝始终未能摆脱在军事上积弱的局面,这大概给现代中国人留下了太多的关于它的负面印象,所以人们很容易忽略南宋历史上光彩十足的那一面。中国经济文化的重心,就在这个时期完成了从华北向南部中国的转移;而12世纪和13世纪的欧亚旧大陆所见证的,无疑是一个经济和文化全面繁荣的南宋时代。"苏湖熟,天下足"这句谚语的产生,表明长江三角洲这时已成为天下粮仓。金初向宋政府索要绢绸一千万匹;金人拿到从北宋府库里拨出的这批购买和平的费用后,只收下"北绢",而浙绢则因为"轻疏"而被全数退回。这表明直到11世纪末,华北的丝绸纺织技术仍高于南方。北宋的所谓"五大名窑"里,有四个位于北方,这是瓷器制造技术北胜于南的证明。这样的局面由于两宋之际北方人口的大规模南移而很快改变了。南宋人对自己在经济文化方面的优越地位有明确的意识。他们断言,天下"地利",南方所有已超越北方:"儒学之盛,古称邹鲁,今在闽越。机巧之利,古称青齐,今称巴蜀。枣粟之利古盛于北,而南夏古今无有。香茶之利今盛于南,而西北地古今无有。兔利盛于北,鱼利盛于南。……然专于北者其利鲜,专于南者其利丰。……漕运之利今称江淮,关河无闻。盐池之利,今称海盐,天下仰给,而解盐荒凉。陆海之利今称江浙甲天下,关陇无闻。灌溉之利今称浙江太湖甲于天下,河渭无闻。"当时的人写诗道:"南船不至城无米,北货难通药缺参。"南北若不互通有无,南方所缺最多是珍稀药材之类,而北方的基本生活需求就会面临危机。经济的发达支撑起文化的迅速拓展。比较一下唐前期进士人选的地理分布,与明代进士的地理分布、特别是明代科举前三名人选的出生地,足以显示南方文化如何在大踏步地赶超北方。从宋代开始,南方士人进入最高权力中枢,也逐渐成为不可抑制的趋势。宋元之际改朝换代的动荡与破坏,未曾完全中止这种经济文化的全面繁荣;加上某些新历史因素的刺激,它一路延续到元朝中后期。同样,汉文明再下一轮的辉煌,也从明后期安然越过明清鼎革的政治大变局,而持续到清中叶。清朝所谓"京派"学术传统的中坚人物,实际上大多出生在南方。

不过,在说到汉文明自北向南的扩展时,我们在以上描述中所涉及的历史地理范围,其实主要还只局限于中国的东半部分。这里请允许我介绍一条反映中国人口分布特征的著名划分线。请设想在分别位于中国版图东北和西南的两个边城,即黑河和腾冲之间画一条直线,它会把现代中国疆域划分为面积差不多相等的东、西两部分。直到大约半个世纪之前,占据着54%国土面积的西半部,总人口仍然还只占全国人口的10%,而将近90%的中国人口,集中分布在占国土面积46%的东半部。

"黑河—腾冲线"所能告诉我们的,远远不止是有关中国人口的区域分布特征。它又与中国境内300—400毫米年降雨量带的走向相当一致。而300—400毫米的年降雨量带,又大部分与前工业化条件下雨养农业与牧业经济的分界地带相重叠。二者只在青藏高原东南部形成一个分岔,将这片高寒低温的地域排除出农业区。因此,除了在关中平原附近需要稍加修正外,"黑河—腾冲线"事实上已经把近代之前中国大面积宜农区域的西部界线粗略地勾勒出来了(见图7)。

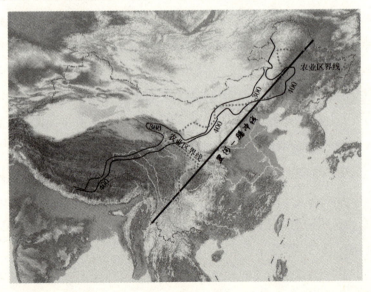

图7

但这还不是问题的全部。把这根线叠加到中国各民族分布图上,就不难看出,在它以东,除去朝鲜族、壮族、侗族、傣族等其他几个农耕民族外,占绝大部分是汉族人口。在它以西,则是广大的少数民族聚居区。所以它也可以被大致看作是汉族与其他少数民族分布区之间的划分线(见图8)。汉语人群的移民运动停止在这条线附近并不是偶然的。汉文明如同铺地毯一般向外展延的成功与局限,都与它以雨养农业为根基的特别性格息息相关。毛主席曾经写道:"我们说中国地大物博,人口众多,其实上是汉族'人口众多',少数民族'地大物博'。""黑河—腾冲线"所反映的,就是这样一个事实。

在中国历史上,由汉文明所孕育和发展起来的中央王朝,曾多次将许多非汉语人群所在区域置于其政治统治范围之内。从唐、两宋

图 8

和明代历史来看,中央王朝把非汉语人群分布区稳定、巩固地纳入国家版图的过程,主要通过三种依次演进的行政措施来逐步实现,即从建立"羁縻府州"到设置"土官"、"土司",再到"改土归流"。而改土归流的必要前提,便是保证汉语人口在当地户口中取得起码程度的比重优势,使国家对编户的赋税征收足以支持对所在地行政建制的支持。也就是说,它们的拓边,只能紧贴在大面积经营雨养农业的编户纳粮地区的边沿区域,通过超越软弱无力的羁縻制度而发展出来的、最终指向改土归流的土司制度来实现。但在"黑河—腾冲线"以西,这一点却很难做到,因此它们缺乏足够的能力去征服占据着西北广袤地域上的各大型非雨养农业人群。而中央王朝与那些只是被它长期羁縻的地区和人群之间的关系,完全可能朝着不同国家之间外交关系的性质演变。因此,把幅员广大的西部非汉族区域巩固地纳入统一的多民族国家版图,也就是历史中国的国家建构从东向西覆盖到今天的全部中国版图的任务,便历史地落到诸如元、清这样的少数民族王朝的肩上。事实上,最近一千多年以来的历史本身就雄辩地证明,把西部中国牢固地整合在中原王朝的历史疆域之中,这个任务主要是由非汉语人群所创建的中原王朝,特别是元朝和清王朝来实现的。由此亦可见少数民族对中国历史的不可替代的重大贡献。

两种中原王朝之间的形态差异,还直接反应在它们对首都地理定位的不同上。我们刚刚说到中国经济与文化重心的南移。值得注意的是,与上述南移运动差不多同时,中国历史上的政治统治中心却反而从过去的西安—洛阳—开封一线北上,转移到今日的北京。这又是为什么呢?

最近一千年里,以今北京为中原王朝的首都,历经金、元、明、清四朝,其中三个由非汉语人群所建立。与塞北草原、东北的林海雪原向来被汉语人群仅仅当作是保护农耕社会的军事缓冲地带截然不同,对金、元、清王朝等各自具有特殊文化背景的统治者们来说,那里是他们自身的文化及身份认同的根据地,也是本族群人力资源的储备库,因而具有不同寻常的重要意义。为了在统治者自身的"祖宗根本之地"和被他们统治的汉地农耕区之间保持领土结构上的必要平衡,自然应当把首都选择在一个从汉地社会本身看来可能是过于偏北的地理位置上。明政权移都北京有一点偶然因素。因为明成祖永乐即位前的军事、政治基础均在北方,并深受北亚文化影响。但放在更长的历史时段里去看,它也还是反映了大势所趋。也就是说,对首都地理定位的不同,实际上反映了两种类型帝国的不同版图结构之间的根本差异。

从汉文明中孕育和发展起来的中央王朝,往往倾向于把汉文明以外地区当作自己的"边缘",当作它推行"车同轨、书同文、行同伦,……而不见其为异"的国策,也就是推行以汉化为理想治理目标的施政方针。有意思的是,金、元、清等兴起于"帝国边疆"的"边疆帝国",却没有简单地把原先的"中心"与"边缘"关系倒转过来了事。凭借高度的政治智慧和技术,"边疆帝国"展示了一种真正多元的领土结构!只有在这样的多元化领土结构中,"边疆"才有与汉地同等的、甚至更为重要的地位;古代中国的官方语言才不局限于汉语、汉文一种,而是多种法定文字并用。

根据上面的讨论,我们或许可以按每一千年为一个分期,从最近四千年中国政治、经济和文化的变迁过程中抽绎出一条非常简明的线索来:

——从公元前两千年到公元前一千年,华北各地的史前文化在强烈的交互作用与整合过程中,终于跨过文明的门槛,发育成以"三代"(夏、商、西周)著称的早期华夏文明。

——在公元前最后的那一千年,华夏逐渐扩大势力范围,将未能被同化在自身文化圈内的其他人群排斥到边缘。华北开始呈现"内夏外夷"的空间分布特征,并确立了自己作为中国经济文化核心地区的地位。在那里形成的中央集权的专制君主官僚制政权,开始把远超出华夏文明地域范围的疆土置于自己的统治之下。

——在公元后第一个一千年,汉文明一波紧接一波地从华北向南方社会全面渗透,以越来越快的节奏推动东部中国经济文化均质化的进程。中央王朝将西北部中国纳入自己版图的努力则时断时续、事过于倍而功未及半。

——公元后第二个一千年,南方超越北方,中国经济文化重心南移完成。西部及西北各地区先后被元、清等政权稳固地整合到中央王朝的疆域结构之中,但西部各社会经济文化的发展问题仍严重滞后。

在以上线索中,至少有四点是我们在思考今天中国的民族问题时非常值得加以注意的。

其一,在王朝有生有灭、新旧相替、疆域不断伸缩变化的时空中,逐渐凸现出来一个超越这个或那个具体王朝层面的、具有历史连贯性的政治共同体,它就叫中国。中国观念绵长悠久的历史性,是属于我们的一笔宝贵和辉煌的遗产。

历史上的中国,先后有过五种互有区别的含义。现存文字材料里的"中国"一词,最早出现在铸成于西周前期的著名青铜器"何尊"的铭文内。在其中,周成王追溯他父亲武王的话说:"余其宅兹中国"(且让我安顿在这个称为中国的地方)。成王口中的"中国",原指洛阳及其邻近地区。它与古时候的华夏人群把今登封、洛阳一带视为"土中"(即天下中心)的观念有关。这说明至少是在西周初,"中国"已经成为对河南核心地区的一个流行称呼了。

"中国"的第二层含义是指关东,即函谷关或者后来潼关以东的黄河中下游平原。《荀子》说:战国之秦,"威动海内,强殆中国"(秦之强能危殆中国);《韩非子》说:"夫越虽国富兵强,中国之主皆知无益于己也";严师古在注释《汉书》记载的刘邦左股有黑子之事时写道:"今中国通呼为魇子;吴楚俗谓之志,志者记也"。你们看,照这些说法,秦、越、吴、楚都不在"中国"的范围内。可见这个中国,仅指关东而言。它的第三层含义则把关中也包括进去了。《史记》曰:"天下名山八,而三在蛮夷,五在中国。中国:华山、首山、太室、泰山、东莱。"华山位于关中。是知司马迁所说的中国,已经把北部中国的核心地区全都包含其中。

差不多与此同时,"中国"也有了第四层含义,即用它来指称以华北核心地区作为其统治基础、而后也用指自北方南迁、立国于南部中国的诸多中央王朝所控制的全部国家版图。在"中国"被用来命名这样一个疆域范围时,它当然就经常会远远超出汉地社会和汉文化所达到的边界。秦、汉版图已先后到达今广东、云南,但直到那时为止,淮河、汉水以南广大地区的土著,都还不是汉语人群。"中国"的第五层含义是随着汉语人群向华北以外地区的大规模迁徙流动而产生的。它指的是在国家版图内不断向外扩展其生存空间的那个主体人群及其文化,也就是汉语人群和汉文化。万斯同主编的《明史》稿本在讲述西南各土司的辖区时概括说:"大抵诸夷风俗,与中国大异。"很清楚,此处的"中国",是指汉族和汉文化而言。

关于"中国"的最后那两层含义一直被沿用到近代。所以英语中的Chinese才会既指"中国的",又指"汉族的"。这并不是外国人的误读。它确实反映出如下事实,即"中国"这个词曾经长时期地拥有两个互相联系但又不能互相混淆的不同意思。

其二,上述脉络告诉我们,把过去几千年内中国国家建构的历史进程,理解为仅仅由外儒内法的专制君主官僚制这一种模式之起源、发展和演变所支配的看法,并不完全符合历史的事实。它实际上是由外儒内法的专制君主官僚制和以辽、金、元、清等政权为代表的内亚"边疆"帝国体制这样两种国家建构模式反复地相互撞击与整合的过程。如果没有满族、蒙古族和藏族等民族对创建中国多民族统一国家的贡献,就不会有今天这样版图规模的现代中国。关于这个问题,有一本美国学者写的著作《中国向西挺进》很值得参考。它认为,由清完成的对西北中国的征服,不但继承了、而且还改造了关于"中国"的认同。18世纪的中国还没有进入民族主义的时代,但到18世纪为止的清朝国家体制所确立的框架,使19世纪晚期的中华民族认同得以在其中实现。这个框架包括:边界的确定,汉人、满族人、穆斯林人群和藏人对各自的固定族裔身份及其集体谱系的认同,以及一个多民族统一帝国的构架。那么,这样一个架构与宋、明王朝的统治体系有什么重要的不同呢?

我们知道,包括清朝在内的中国传统王朝统治体系都持有"天下中国观"的立场。它由以下一些主要观念构成,即:中国处于"天下"之中;除中国之外的其他人群、国家,无一不为中国属国,而绝无敌国或与国的资格可言;处理中国与其他所有国家间关系的框架,就是所谓"朝贡体系"。在宋、明这样汉式的专制君主官僚制体系下,对待前来朝贡的地区、人群或国家,要么通过羁縻—土官—改土归流的制度最终把它们纳入汉语人群的海洋之中,变成清一色的编户齐民,要么就只能把它们纳入在今天看来实际上是属于"外国"的范围。朱元璋曾说:"今天下一统,四方万国皆以时奉贡。如乌斯藏、泥八剌国,其地极远,犹三岁一朝。"他实际上完全是把明与当时西藏和尼泊尔的关系看作是属于同等性质的。

清朝继承了由前代传下来的朝贡观念和朝贡体制,但它另外还有创造性的地方,即把传统的朝贡地区、人群和国家分置于两个不同的治理空间。一称"外藩各部",包括内札萨克(内蒙古各盟旗)、察哈尔(内属蒙古各旗)、喀尔喀(外札萨克蒙古)、青海、西藏诸地域,以及金川土司、南疆回部各伯克头人属下等部。凡是对这些地方进行具体治理的政令、刑事、军旅、屯田、邮传、互市等方面的最高管辖权均属理藩院。另外一类,则称"域外朝贡诸国",清朝对它们完全不负国家治理的责任,处理与这些国家之间关系的职责,由类似外交部功能的礼部鸿胪寺来承担。非常有趣的是,当清政府力图从传统体制中为它的每一项机构设施寻找合法性依据时,它不得不承认,除了元代管理西藏地区及全国佛教的"宣政院"以外,在明代和宋代的国家机构中,根本找不到类似理藩院那样的建制。可见元和清这两个王朝在缔造多民族统一国家的体制方面,具有何等重要的历史地位。我们不难设想,如果没有元和清,继承了宋、明版图的中国与今日中国的版图面积会有多么巨大的差别!

说到这里,我们就大致接触到中国民族关系的特殊性到底何在的问题了:就是由于上述那种由各民族参与其中的国家构建,由于两种不同的国家建构模式相互整合的历史传统,中国的形成才可能与这个世界上几乎所有其他的现代国家不同,不是诞生于旧式帝国的瓦解和分裂之中,而能够基本完整地将帝国时代的国家版图转换为现代中国的疆域。

其三,从三四千年以来历史演变的大脉络中,我们可以很真切地认识到,尽快缩小东西部在经济、文化与社会发展程度方面的差异,是西部广大地区越来越紧密地变成中国多民族统一国家内不可分割的一部分的漫长进程所遗留给当代中国人的庄严历史使命。这种凝重的历史感是无穷的精神能量,能激励每一个中国人的责任意识,召唤他们关注并投身于西部开发事业。

其四,那么,今天的西部开发,还能沿用历史上的汉民族在将古代汉文明由北向南推进时所采取过的那些策略与方式,诸如向被开发地区大规模移民、以农业经营为基本开发形式、用汉文化来覆盖被开发地区等等吗?如果说历史上的汉族是没有能力这样做,那么今天的我们则是根本不应该这样打算、这样去做。在面对现代中国的民族关系和民族问题时,我们必须把此项认识当作一个最重要的出发点加以看待。下文我还要回到这个话题上来。

如前所述,近现代中国不仅是承继清朝以及在它之前的宋、明等汉式王朝历史遗产的结果,而且同时还是在外来的民族主义思潮冲击和影响之下去从事现代国家的构建活动,所以现在需要对这股震荡全球直到今天的民族主义思潮,包括对它的起源、演变,乃至它在未来的去向,作一个尽可能简单明了的介绍。

二

在谈到如何认识民族和民族主义的时候,首先碰到的问题,是这二者之间究竟是怎样的一种关系:究竟是先有民族、然后才产生了民族主义的观念和理论呢,抑或相反,像大多数当代民族学或人类学家从民族是一种"想象的共同体"这一认识出发,把它看作是近现代民族主义思想"构建"的产物,也就是说,是民族主义缔造了一个民族的集体身份意识,从而也就缔造了这个民族本身?

对此,我的看法概括起来有三点:第一,民族的诞生,总少不了需要由一种出于主观构建的民族观念来承担催产的功能,来促成它的生成、发育和成熟,在这个意义上,它确实具有"想象的共同体"的性质;第二,不过这样的现象远在近现代社会之前就发生了;第三,民族主义则是近现代的人类社会才产生的一种观念、思潮和理论,而它的出现又的确极大地改塑了现代民族对于自身的观念、意识和期望,从而使现代民族获得一种与历史民族完全不一样的精神形态。我将主要通过中国历史上的实例来说明这三方面的道理。

民族是一种人为构建的范畴,从所谓"民族消失"的历史现象最容易看出来。比如匈奴民族在历史上的消失,当然不是这个人群的全部个体都已被斩尽杀绝、不再存活于世上的结果。匈奴的大量后裔们后来继续生活在许多被标识为其他名称的人群里,变成这些不同人群中的新成员。因此,实际情况只不过是,他们不再作为"匈奴"这样一个人群共同体而存在,人们因而便也取消了"匈奴人"这样一个曾经流行几百年之久的分类范畴而已。换句话说,"匈奴"的后裔们是否存在,与"匈奴"作为一个划分人群的范畴是否还存在,是否还被人们作为辨识人群时候的识别类型,这两者并不是一回事。

我们都知道,今天定居在新疆、尤其是南疆各绿洲里的维吾尔族,是公元9世纪中叶从蒙古草原迁到那里的、原先从事游牧的回鹘人后裔。但那时在回鹘人控制下的,其实只是南疆的东半部分,西半部则被另一个建立了喀拉汗朝的名叫"葛逻禄"的突厥语部落控制着。葛逻禄统治者在接受伊斯兰教的同时,把自己的过去与在波斯传说中的古代敌手、图兰君王阿弗拉西亚卜家族联系在一起。由于这个缘故,在建立喀拉汗朝的这部分突厥人中间发生了某种"集体失忆",即完全忘记了自己原先拥有过的葛逻禄人的集体身份,而只把自己叫作"突厥人"。直到那时候还信仰着佛教的回鹘人,在已经清一色地成为穆斯林的喀拉汗朝部众看来是"异教徒"。直到元代,维吾尔人还有很大一部分是佛教信仰者。所以南疆西部的伊斯兰教徒长期把"维吾尔"和"异教徒"看成是等义词。随着伊斯兰教信仰从南疆西部逐渐向东传播,皈依伊斯兰教的维吾尔人不再使用与"异教徒"等义的"维吾尔"这个自称,而只是用它来指称那一部分仍然是佛教徒的更东面的维吾尔人,并开始像其他南疆穆斯林一样自称"突厥人"。因此,最晚大约是到18世纪前后,当剩下的最后一批维吾尔人也全部皈依伊斯兰教后,维吾尔作为一个活的人群就消失在更广义的"突厥人"之中了。

  维吾尔人的"复活",与近代中亚的考古发现有关。俄罗斯和苏联学者在对从新疆获得的古代回鹘文的佛教、聂斯脱里派基督教以及世俗文书的释读过程中发现,这种文字所反映的,正是现代居住在同一地域的南疆"突厥人"的语言。基于这样的认识,斯大林时期的苏联在推行民族政策时,就把迁徙到苏联境内的新疆"突厥人"划为"维吾尔"民族。这个概念由留苏的维吾尔知识分子带回新疆,于是才会在追随苏联民族政策的盛世才时期的新疆出现一个维吾尔族。但这时候的"维吾尔"一名,却把南疆西部的那些"突厥人"一起覆盖在内了;而我们知道,这部分人口的主体,其实并不是回鹘后裔,他们的祖先应当是语言与回鹘语非常接近的葛逻禄人。

  这个故事有点曲折,但是很能说明问题。在大约从1500年到1700年这两百年之间,原先曾称为维吾尔的那个人群,一点一点地消失在一个比它更大得多的称为"突厥"的人群之中。你能说它还一直存在着吗?答案是否定的。当它在近代"复活"的时候,它所包括的又已经远不止是过去那个维吾尔人群的后代了。你能说今天南疆西部的原居民"其实"不是维吾尔人吗？答案也只能是否定的。那么判断的标准到底是什么呢？只能是这个人群关于自己是谁的主观归属意识。说民族是一个"想象的共同体"，道理就在这里。

民族是"想象的共同体"的主张，对于还普遍地将民族视作"宛若存在于自然界中的实体"的观念来说，是一个重要的突破。最早实现这一突破的一部划时代著作，应数人类学家李奇（E. R. Leach）发表于1954年的《上缅甸政治体系：对克钦人社会结构的研究》一书。经过对当地长时期的调查，李奇发现，所谓克钦人其实不是一个"宛若存在于自然界之中的实体"，不是"生而固有的"（just out there）、"大自然赋予的一项事实"。

他指出，在被自我标识为克钦人的那个族裔群体里，实际上流行着好几种不一样的语言，其社会结构也在两种不同类型的形态之间持续摆动，而其政治组织的整合，则主要是为应对另外一个完全不同的人群即掸人的集体需要而逐渐实现的。从李奇对克钦人的研究中，可以归结出非常重要的两点：（1）在政治上和经济上聚合成为一个共同体的人群，未必要有共同的文化和语言；（2）尽管如此，它的成员却会感觉到他们享有一种共同的世系，具有共同的历史和共同的文化；至于外来的观测者们是否同意该群体内部成员们的这样一种感受，对后者而言丝毫不重要。族裔集团所具有的主观构建性质，也就是主观的归属意识在族群形成过程里的核心作用，就这样被李奇很明确清晰地揭示了出来。

沿着上述思路，人们对事物真实性的理解也变得不再那么绝对了，因此就有了在客观的真实性与"社会真实性"之间做出区别的必要。正如某个著名人类学家说过的："影响着人们态度与行为的，并不是事实为何,而是人们意象中的事实为何"(It is not what is, but what people perceive as is which influences attitudes and behavior)。所谓"想象的共同体"之提出,显然也来源于对于"社会真实性"的这种新认识。

"想象共同体"被形塑的过程,其中的关键在于对共同血统的想象。因为只有当产生在群体成员间的集体身份意识以共同血统这样一种观念形态表现出来时,我们大概才有充分的理由确认,该种集体身份意识已经被提升为"族群认同"(ethnic identity)的形态了。共享的集体身份意识可以有很多形式。比如说左撇子可以形成一种共同的集体身份意识,在现代的政党内部也可能形成一种集体身份意识,但二者都不会演变为民族或族群的意识,因为它们都没有共同血统观念这样一个核心。

在历史上,凝聚起民族身份认同的共同血统观念有两种表现形态。一种形态是把这个民族共同体的全体成员都追溯为同一个祖先的血脉后裔。哈萨克人是这种共同血统观最典型的例子:

> 哈萨克人都相信,他们自己全部来自同一祖先的男系传嗣。19世纪考察家们收集的各种部族系谱在细节上出入极大,甚至对始祖名字的说法也有不同。但是,他们在下面这一点上却众口一词。即这位始祖有三个儿子。他们分成了三个单独的阿吾勒(ayl,即最小规模的游牧单元),于是确立了哈萨克人的三个主要分支:大帐、中帐和小帐。……这三个儿子的儿子们又依次分立,分别成为诸帐之下各分支的始祖。而他们的儿子们也依次分立为更小的分支的先祖。这样一直分支下去,直到阿吾勒为止。其所有的男子和未出嫁的女人都出自一个共同祖先。于是,哈萨克民族和它的所有分支,全都被认为是一个扩大的家庭

集团的各支系。(巴肯:《俄国统治下的中亚民族:文化变迁的研究》,第32页及以下)

但是共同血统观还有一种更宽泛的形态。那就是把本共同体全体成员认作是过去某一个可以清楚地与同时代的其他人群分割开来的独特人群的血脉后裔。必须指出,这个所谓"独特人群"的界线,其实只在很久以后把它当祖先群体来追溯的人们眼里,才是清晰明确的。而在它存在的那个时代,情况往往并不如此。比如清代的满洲人把自己的祖先追溯为金元时期的女真。在满洲人的想象中,金元女真是一个可以与当时的蒙古、汉人、高丽、契丹、森林里的"兀稽"等周围人群很清楚地分割开来的独特人群。但是如果我们进入金元时期去追问"到底谁才是女真",又会发现这其实并不是一个那么不言自明的问题。不过满洲人这样构建和想象自己的集体历史时,是决不会提出上述学术问题的。女真对他们来说,是一个足以自明而实在、不需要对它再加任何质疑的概念。汉族把自己追溯成"华夏"的血脉后裔,与满洲人以女真为祖先的情况相似。

那么共同血统观念又是怎样产生和发育起来的呢?

在这里有必要提到斯大林关于民族界定的著名论断,它一般被概括为四要素或五要素说,即共同语言、共同地域、共同经济生活,以及表现在共同文化上的共同心理素质。这个定义对中国民族史研究的巨大影响至今不可小视。我不清楚该段文字通行的汉译文本究竟是译自俄文原文,抑或是从英译本转译过来的。因为按俄文本的表述,所谓四要素应当分别被译为语言、地域、经济生活的共同性,以及"显现在文化共同性之中的心理结构的共同性"(общности психического склада, проявляющегося в общности культуры)。从今天的认识看,这个定义有明显的不足之处。

最有问题的是他列举的最后一项"共同性"。无论理解为心理素质或心理结构,其意义都颇有含糊不清之嫌。同样重要的是,心理结构的共同性是反映在文化(其中当然也包括语言)共同性之中的,因此这一义项类与前面列举的其他三个义项显然不应该被并列于同一分类层次之中。

不过我们同时也应该承认,斯大林所谓"心理结构的共同性",其实已不太自觉地触及被界定对象的主体意识层面了。他甚至也已略约提示了我们,这种主体意识是从该人群对其语言、生存地域、经济生活、社会生活习俗、宗教礼仪、集体经验及历史记忆等方面共同性的长期反复的感受之中萌蘖和发育起来的。沿着这样的思路作进一步推论,似乎可以把共同血统观念的形成分解成这样两个阶段来叙述:从共同语言、地域、经济生活、宗教礼仪、社会习俗、集体经验及历史记忆等(A)中间产生一种比较宽泛模糊的共同集体身份意识(B);再从这种共同集体身份意识(B)里发育出该群体出自于共同血统的观念(C)。前面已经讲过,正是这种共同血统观念,构成了民族或族群的集体身份意识,也就是所谓民族或族群认同的核心部分。

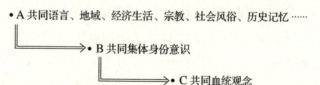

关于上面所讲的族群认同形成过程,还有两点需要加以补充说明。

关于从 A 到 B 的过程,也就是族群内集体身份意识的萌发,并不需要在 A 项所列举的所有那一大堆"共同"样样具备的条件下才能实现。它当然也不是从完全的虚无之中就可能被成功地"想象"

出来的。总需要有某些现实的"共同"要素，才可能促使一种对集体身份的朦胧感知从这个人群的草根意识中间逐渐滋长起来。但是对各民族、各族群的发育史所进行的历史考察告诉我们，要想为那样一种集体身份意识的自发滋长开列出一张放之四海而皆准的充要条件清单，是一件不可能的事情。

另一方面，关于从 B 到 C 的演变，则不可能也像由 A 到 B 那样，是一个完全自发的行为。共同血统观念不会从大众对其集体身份的朦胧意识中自动、必然地生发出来，而只能是有人自觉地对后者予以加工和提升的结果。承当此一加工提升工作的人，大都是该人群内的精英或准精英分子。经过他们对自身群体的历史记忆和其他文化资源进行有意识的选择、强调、放大或"发明"，与此同时也就是有意识的沙汰、"失忆"、掩盖与修正，该族群或民族获得了有关自己是谁、从哪里来、本群体与周围其他人群有什么不同、为什么会有这些不同等等一套相对固定的言说。而具有想象性格的共同血统观念则是这一套言说得以构建的最不可或缺的内核。

另外也要注意，把共同血统观念作为研究者考察人们如何"想象"自己的一个最重要的聚焦点，并不意味着所谓民族彻头彻尾就是一种主观想象出来的东西。不要以为，今天坐在这个教室里的人们，也能凭空"想象"出一个民族来。谁都可以任意想象，但难道任何人的想象都可以在一个大型人群中激发出为大众所认可的集体意识来吗？答案自然是否定的。这样的"发明"如果能成功，它必定以该群体内带有草根性质的对自身的认知与情感作为基础，所以才能又反过来滋养、培育和形塑属于大众的集体身份意识。因此，强调族体主观认同意识的重要性，并不是想要、事实上也完全没有颠覆中国民族史领域内经过长期积累所形成的诸多基本事实和基本知识。它只不过力图揭示出在过去研究中一向被忽略的那个层面,即被称为民族或族群的大型人群,在利用其历史资源来构建一个特定的"想象的共同体"时所经历的心路历程。

像这样被想象出来的具有共同血统观念的人们共同体,固然不必像很多学者以为的那样,要等到近代才会出现。刚刚我说到的满族,就是在中国历史尚未进入近代时就已经形成的这样一个民族共同体。类似的例子还有很多,比如汉族也是如此。难道可以说汉族是直到近代才形成为民族的吗?回族是又一个例证。1980 年代以后,欧美学者逐渐获得允许,到中国来从事民族调查和长时期的人类学田野工作,由此形成一个研究中国少数民族的学术高潮,先后产生了许多很值得我们借鉴的著作和论文。其中最早一部作品在 1991 年出版,就是研究回族的,书名叫《讲汉话的穆斯林:中华人民共和国的族裔民族主义》。作者的基本看法是,回回在 1950 年代被中国政府正式定位为民族之前,总的来说还是一个信仰伊斯兰教的文化共同体。是中国政府的民族调查和民族识别运动,把这个宗教文化共同体"变成"了民族。

在 20 世纪的前五十年里,回回的概念是否仅仅意味穆斯林的身份?在这五十年中先后出版的回回杂志约有一百六十多种。只要对其中较易搜寻的那些出版物作一番最粗浅的检阅,那么任何人都不难得出结论说,在 20 世纪上半叶的回回人群中,存在一个不折不扣的"族裔民族主义运动"。它表现出如下的历史特征:(1)它明确主张,回回以五千万之众的人口构成中华民族的"五大民族"之一,并从"民族平等"的原则出发,要求在 1930 年代的国民参政会和 1940 年代的国民大会代表选举中,按蒙古和藏族代表的额度选举回民代表。(2)这时期发生在各地的一系列抗议"侮教案"的行动,实际上是回回民族主义运动从事政治动员的重要途径。(3)回回人群体形成了属于特定时代的对自己共同历史的言说范式,即"始于隋唐,盛于元明,衰于满清"。(4)他们开始检讨和改变"舍命不舍教"、"争教不争国"的传统立场;这种参与意识在抗日战争中获得进一步的提升。(5)层出不穷的回民杂志,有系统的回民组织,到处兴办的新式回民小学,范围广泛的回民现状调查,使民族主义的动员远远超出精英的范围。可以说,1950年代对回回民族身份的官方承认,它的历史基础,即20世纪上半叶回回人群中广泛而持续的民族主义运动。

20世纪前五十年的回回民族主义运动本身,当然也不是毫无由头的一场空穴来风。它是自从清初以来一直广泛存在于回回人群中的拥有深厚群众基础的族裔意识的政治化发展。这种带有深厚草根性的族裔意识,充分反映在自清前期之后以各种略有出入的文本流传在陕甘、湖南、云南、山东、青海、河南,乃至远播域外东干人中间的"回回原来"故事里。其基本情节是说,唐代有西域伊斯兰圣徒噶心来华,唐皇欲留此人长住东土,遂以唐兵三千至回回国换得回回兵三千来华,以伴陪噶心,并为三千回兵各配一汉女为妻。中国回回人皆此三千回兵之后。这个口传故事形成之后不久,又与唐中叶借回纥兵平定安史之乱的史实互相混淆,遂形成"借兵回回"的另一种版本。

"回回原来"的广泛流传,表明它已被回回人群体普遍接受为有关自身根源性的共同历史叙事。不过,如果说这则故事意味着回回人对自身历史根源性追问的完成,那么他们的追问意识本身还要开始得更早一些:它应该是从回回人接受原先由汉地社会发明的"回回祖国"的观念开始的。这大约是在明后期。

"回回祖国"的说法,最早见于现存文献是在15世纪中叶成书的《大明一统志》中,本来是汉人用来解释生活在汉地社会中的回回人群从何而来的一种说法。"回回祖国"从汉人区别"他者"的言说而内化为回回人自己的意识,一方面显示出汉文化作为当日强势文化所具有的强大的支配性影响,更重要的则是,它反映了回回人在集体身份归属意识方面的新演进。他们要通过构想一个共同的"祖国",来回答"我是谁,我从哪里来"的问题,接着才会有"我怎么从彼方的祖国来到此方"的问题,于是又产生出"回回原来"的故事。

从"回回祖国"到"回回原来",标志着回回共同体发育过程中的一个重大进步。想象中的共同家乡,使回回人成为与中国的汉人、满人、蒙古人等完全不同的一个远方人们群体的集体后裔。回回人因此成为具有共同血统的一个前近代民族。因此,从明清之际,或者至少是从清前期开始,回回人早已不仅是一个宗教文化的共同体,已经变成一个具有共同血统意识的民族集团了。

那么,为什么到了明末清初,回回人中间会发生如此尖锐的"我是谁,我从哪里来"的问题意识呢?这应当与明代晚期开始的中国伊斯兰教文化复兴运动具有密切的关系。而后者又是对回回人群其自身在整个明代逐渐衰微的历史性回应。

我们都知道,回回人群的形成是在元代。元代的回回共同体主要以三方面的特征区别于当日中国的其他人们群体。他们是保持着对母国鲜明记忆的外国移民;他们作为色目人的主体在政治上是一个特权集团;他们是伊斯兰教的信仰者。入明以后,回回人群的前两个特征渐次丧失,伊斯兰教信仰遂逐渐成为回回人区别于汉人的主要标志。但是,由于中断了与中亚和西亚的联系,伊斯兰教在中国作为一种失去了外来资源的非本土宗教,其本身也处于日益衰落之中。在这种情形下,相当大部分宗教信仰不太坚定的回回人,便随时间的推移而融化到像大海一样包围着他们的汉人中间。另一方面,对自身群体的危机意识,也促使回回人中的有识之士断然行动。晚明以儒诠经、经堂教育和推行小经文字等发生于全国各地、各种社会层次上的伊斯兰教复兴活动,就产生在上述历史背景之下。回回认同与伊斯兰教信仰唇齿相依的观念,实际上也是到这时候才在中国最终确立的。而回回认同本身,也在伊斯兰教的文化复兴中获得提升,并由此而被赋予前近代民族认同的历史性格。

以上的倒溯式考察足可表明,回回人共同体对自身的集体身份意识,经历了一个漫长的历史变迁过程。在这个过程中,该共同体的性格从元代作为拥有共同宗教文化和优越政治地位的外来移民群体,经过明代前叶和中叶的长期衰微,在明清之际中国伊斯兰教文化的复兴运动中发育为前近代民族,而后又在19世纪与20世纪之交的现代环境中经过政治化动员而演变为现代民族。它在1950年代被正式确认为一个少数民族,乃是对此前那一段历史变迁的总结,而不是它成为民族的开始。

"民族"这个专门用词,是近代经过日本人用来翻译 nation 一词时创造的日文汉字语汇,再传到中国变成一个汉语里的新词。但是,在这之前汉语里没有"民族"这个词,不等于中国就不存在类似"民族"的这样一个概念、一种分类范畴。中国传统社会里类似近现代"民族"那样的人们共同体,在许多场合被称为"族类"。

从"族类"一词之语义的演变逻辑来说,它最基本的意思是指物的类别("以族类辨物,使族类相从")。由此推衍,它可特指由同一姓氏的直系后裔成员所构成的血族。著名古语"非我族类,其心必异"里的"族类",即指特定的贵族姓氏而言;它还没有类似民族的意思。可是从这个意义上的"族类"再向外推广,就可以用以泛指被认为是具有共同血统的某个人群,这时它就具有今日意义中的民族意涵了。所谓"谨华夷之辨,所以明族类、别内外";所谓"戎夏杂处,族类之不可分也"。这些文句里的"族类",就可以看作是出现在现代汉语中的"民族"这个外来词汇的同义语了。

现代社会产生之前的民族,或者让我们称它为"历史民族",不仅出现在中国,也出现在各个不同历史时期的世界其他地方。把这个问题讲得最透彻的,是 A. D. Smith 的《民族的族裔起源》(*The Ethnic Origins of Nations*, Oxford: Basil Blackwell, 1986),以及根据他的讲演稿编成的《历史上的民族》(*The Nation in History: Historiographical Debates about Ethnicity and Nationalism*, Hanover: University Press of New England, 2000)这两种著作。

不过,我们认识到历史民族的存在,并不意味着就可以把它与现代民族混为一谈,或者把现代民族看成不过是历史民族的形态向近现代的延伸。两者之间有非常大的不同。之所以有这么巨大的不同,是因为民族主义彻头彻尾地改塑了近现代民族的存在形态及其自我意识,把现代民族变成了民族主义运动的原动力主体,和民族主义所期望实现的那个目标的承载体。

现在就需要谈一谈彻底改造了历史民族的民族主义思潮了。与民族不一样,民族主义确实是出现在近现代社会的一种新事物。拿我们今天最熟悉的民族主义立场来说,它的根本原则,采用盖尔纳的界定,就是要使民族的地理边界与国家的边界互相重叠。自从玛志尼以来,这一基本立场被典型地表述在这样一个口号中:"每个民族各自有一个国家,每个民族只能有一个国家"(Every nation, a state. Only one state for one nation)。法国大革命之后近两百年里,被压迫的各民族书写在从中世纪帝国、从殖民地和被保护国的地位争取独立建国的伟大斗争旗帜之上,指引着过去两百年里"国家要独立,民族要解放,人民要革命"的民族主义运动的,实际上就是这个口号。

可是,这一场持续两百年、理应受到我们充分肯定的伟大运动,却完全没有实现它当初所钟情的理想目标。在"一个民族,一个国家"口号鼓舞下的民族主义运动所造就的民族国家,大多数并不是单一的民族国家。麦克尼尔因而把"一个民族,一个国家"原则,看成是由这个原则发动起来的民族主义运动本身的"牺牲品"。霍布斯·鲍姆则把它描绘成一头"怪兽"。他说,它怪就怪在当你最终追到它时,才发现它竟然与你当初想象中的模样大相径庭!

产生这个悖论的根本问题在于,这个世界上目前有二百多个国家,而潜在地拥有建立国家诉求的"民族"可能多达七八百个。那么,人类的国际体系能够把八百甚至上千个国家都接纳进来吗?事实上,在许多成功地争取到民族独立的国家内部的非主流族群,已经或正在接过民族独立的旗号,去挑战业已确立的国家认同。这一类民族主义的诉求,"主要并不是用来对抗外来的帝国压迫者,而是用来反对新获得解放的国家宣称它是一个具有同质性的民族,因为它事实上并非如此"。正是民族主义在今天面临的全新历史环境,正是当今世界上到处发生的民族与国家之间的冲突,要求我们在充分肯定它在过去两个世纪所拥有的绝对正当性的同时,去郑重地思考针对"一个民族,一个国家"诉求的重新定位问题。

非常值得注意的是,遵循着这一思路去追溯民族与国家之间的关系问题,我们发现,在民族主义思潮形成发育的前期,国家和民族如同钱币的两面那样,曾经是合二为一的概念。至于二者演变为两个不完全相重合的所指,则是后来的事情。正因为如此,英文里的 nation 才既可以指一国的全体国民,也可以用来指称处于一国内局部地区、或跨国分布的不同的文化共同体。那么,国家与民族是如何从一个最初合二为一的概念物,演变为两种不相等同的东西的呢?关于这个问题,美国的犹太裔学者格林菲尔德(Liah Greenfield),在她出版于1992年的著作《民族主义:走向现代的五条道路》一书里,作过非常精彩的讨论。

格林菲尔德在本书里指出,在民族主义推动下,近代民族国家和民族先后产生于16世纪的英国、17世纪中期的法国、18世纪下半叶的俄国、18世纪晚期的美国,以及18世纪与19世纪之际的德国。在这个历史序列的演进之中,民族主义和民族本身都经历了一番重大的变化。

当民族主义在它的原发地英国形成并发育起来时,它原本是一场处于既定历史疆域内的全体人民把国家主权从皇室、贵族手里夺归大众所有的运动。也就是说,最初的民族主义所阐扬的,是主权在民的基本原则。这时候的民族概念,"等同于国家,等同于人民";后者所指,不再是地位低微的群氓或草民,而是被从整体上提升到过去那种有身份的精英的地位、享有主权、政治身份基本平等的公民。这样一种民族的范围,是由国家疆域来界定的。它包含疆域之内的全体人民,不分肤色、语言、文化,乃至人们观念中的血统区分。格林菲尔德把这种最"原生态"的民族主义,定义为基于自由主义—个体主义原则之上"公民民族主义"。由此产生的,是一个从本性上由自由和平等的个人之间自愿结合而成的"疆土民族"。

可是,上面描述的早期民族主义和早期民族观念,在从英国周游到法、俄、德等欧洲国家时一路上发生了改变。在法国,民族主义丧失了个体主义的原则,转变为集体主义的、但同时还是公民的民族主义。在俄国和德国,它的强调点更进一步从主权在民被转移到以某个人群的特殊性为依据来界定民族及其主权归属。这样就形成了集体主义、权威主义的民族主义;而集体主义和权威主义的民族主义最容易与传统的共同血统观念结合在一起。结果便是民族主义与民主之间的等同关系从此失落;同时,以疆域来界定的契约民族转变为以文化(尤其是语言)、观念上的共同血统等因素来界定的族裔民族。

就这样,作者分别从两个不同的向度上建构起一个对民族主义进行比较分析的框架:在大众主权观念的向度上,民族主义可以是个体主义—自由主义,或者集体主义—权威主义的;从其成员构成的向度上进行分析,民族主义可以是公民的或者族裔的。由此产生出民族主义的三个类型,分别由英美、法国和俄德的民族主义来代表:

	公民的	族裔的
个体主义—自由主义	第一类型(英美)	[无]
集体主义—权威主义	第二类型(法国)	第三类型(俄德)

即使是在第一类型和第二类型这两种还都带有"公民"性质的民族主义之间,也已经产生了非常重要的差别:"构成英国民族的每一个个体的尊严,赋予英国民族这个集合体以尊严;而在法国,恰恰是作为整体的尊严,才使得每个取得其成员资格的人恢复各自的尊严。在后一种情形下,被当作崇拜对象的人民已经不再是活生生地存在着的那些人们,现在它只是作为某种认知的构建而被呈现出来。它意味着个人对集体性的完全顺服。个人被溶解在集体性之中,却从而又满足了对平等的追寻。自由则变成仅只是对外国支配的摆脱。"格林菲尔德说,英国之后,继承那种最"纯真"的民族主义的,只有美国;而民族主义在向中欧、东欧乃至西方以外地区的传播过程里,被不断重复的主要是它的第三种类型,即俄—德模式的族裔民族

主义(ethnic nationalism);至于第二类型的法国模式,虽然也在19世纪到20世纪被屡屡引为榜样,但被选择性地采纳的,实际上往往只是其中某些思想因素,例如卢梭对集体性高于个体性的强调、拿破仑式的经平民表决所产生的集权政府风格之类。这就是说,世界上大多数国家的民族主义,都是类似俄国和德国那种集体主义的、族裔性质的民族主义。

于是我们就很好理解,从早期民族主义思潮中与国家合二而一的疆土民族,一旦衍化出另一个不再与国民边界重叠的"族裔民族",那么对族裔民族的忠诚与对于全体国民意义上的疆土民族的忠诚之间,便潜伏着互相冲突的可能性。民族主义使当今人类社会深陷困境的基本缘由正在这里。

是否可以把民族主义的上述演变路径看作是它的"退化"呢?格林菲尔德本人在书里似乎没有使用"退化"这个词。但我相信她其实在暗示这样的意思。所以,本书的书评作者们,在概括格林菲尔德的叙事线索时,确实径直把上面的过程称为民族主义的退化。这里的一个关键性问题或许是社会背景上的根本差异。已有学者指出:英国的民族主义,是对英国社会的结构环境业已产生出英国民族这一深层社会现实的反映;而在人类社会的大部分其他地区,事情发生的次序被颠倒过来了,即人们力图通过民族主义在政治中发挥出来的动力作用,去激发当地社会与政治结构的转型。"每一个民族各自有一个国家,每个民族只能有一个国家",就这样成为第三类型的民族主义思想最响亮的口号。

但从另一个角度看,与其说这是一种"退化",还不如把它看作是民族主义之最早先形态的合乎逻辑的和必然的演变。这里有几点需要强调。首先,一国内民族主义意识的苏醒萌发,一般总是从政治、经济、文化上最为强势的主流人群中开始的。这时候该国内部的各种边缘人群往往还没有形成各自明确并足够有力的集体身份意识。所以有人说,英格兰民族主义发育成长之时,威尔士和苏格兰认同都还是严重"破碎不全"的。这种情形使得主流人群竟能天真地拥有这样一种不可靠的"自我确信",即他们的民族主义诉求确实代表了国家中包括各边缘人群在内的全体国民的利益和意志。

其次,几乎与近现代民族的形成同时,所谓民族已经不证自明地被认为是、或者至少它终将会成为一个拥有同一种文化的人群。克莱蒙特—丹奈赫(Clermont-Tonnerre)在法国革命时期宣称:"对作为一个民族的犹太人,我们什么也不给;对作为个人的犹太人,我们给予[作为国民应有的]一切。"犹太人作为一个文化—宗教共同体,在这里被明确地指为"民族"。不过,由于对当日还不甚发达的边缘人群及其文化状况的普遍忽略,在主流人群中虽然会生发出某种不言而喻的对边缘人群及其文化实行同化的预期,但总的来说它还未经条理化,因而是相当模糊而不清晰的,更没有发展成为一种以"民族同化"为明确目标的国家治理战略。

再次,英国民族主义本身与其说是民族主义最正常的形态,还不如说它是"一个超越诸种法则的特殊个案"。认识这一点的关键在于,我们实际上根本不可能全然按照个体主义—自由主义的原则,把现代国家仅仅当作一个纯粹出于政治理性的建构,把它完全看作是从本性上自由和平等的一群个人之间的自愿结合!人们毕竟不能说,他之所以会与他的所有同胞一样成为某个国家的公民,只是因为他们恰巧都自愿地选择在某一条国家边界之内生活。集体认同的情感需要,决定了一个"契约民族"必须培育属于它自己的诸种独特文化属性,从而使自己变得"更文化"。从这一意义上讲,法兰西民族就是在"革命者把契约民族制度化的努力所遭遇的困难进程中,蹒跚地走向文化民族"的。

最后,正是在新生的民族国家从事民族主义的政治—文化动员、从而去构建或巩固其文化认同的过程中,一国主流人群的文化传统及其诸种特质被突显、甚至"发明"出来。这个过程的另一面,就是该国各种边缘人群的集体身份意识被迅速催发出来。因此,边缘人群的族裔认同,或谓族裔民族主义,在很大程度上乃是回应国内主流人群的国家民族主义的政治及文化动员的产物。

内在于民族主义思潮之中的这种在一个现代国家内部被引发的族裔民族主义与国家民族主义之间"剪不断、理还乱"的纠葛和冲突,不可避免地要随着民族主义思潮本身一起被传入近代中国。两种民族主义,即族裔民族主义和国家民族主义的思想因素从一开始传入中国时,恐怕就是互相夹缠在一起的,所以难以从中区分出两条互相分离的源流。辛亥革命前的排满运动,主要动力大概来自族裔民族主义思想。有人曾经认为,清朝到同治中兴时,满汉矛盾已基本解决了。无论这个估计是否有些夸大,清末排满声势的迅速扩张,除了由于清廷无力应对列强侵辱而引发的深刻政治不满外,显然与族裔民族主义之传入中国所催发的满洲统治合法性的全面瓦解有直接关系。它很快与中国文化资源中"非我族类"的传统观念结合为一体,产生出在族裔民族主义意义上"驱除鞑虏"的现代诉求。作为"大清"的中国与作为汉族的中国完全对立起来,"救大清"与"救中国"势成水火。在这样的形势下,清政权就绝难逃得脱"哗啦啦如大厦将倾"的命运了。辛亥革命以一场几乎"无暴力的革命"而能推翻大清帝国,这至少也应该是最重要的原因之一。

但即使是在"驱除鞑虏"的阶段,我们仍能看到国家民族主义思想影响的明显痕迹。美国学者周锡瑞(Joseph W. Esherick)在他撰写的一篇被收入《从帝国到民族国家》(*Empire to Nation: Historical Perspectives on the Making of the Modern World*)一书的文章里,着重分析了清帝国如何转变为一个现代民族国家的历程。他描绘的当时中国人在以下三个问题上的立场,很值得我们深思:(1)满洲人是否应该被纳入"中华民族"?立宪派和革命派在这个问题上的争论十分激烈。(2)藏族、维吾尔族和蒙古族是否属于"中华民族"?由于双方几乎毫无二致地将"中华民族"等同于汉语民族,因而都同意藏族、维吾尔族、蒙古族不属于"中华民族"。(3)那么将来要建立的中华民国,是否应当把藏地、新疆与当日的内外蒙古也都纳入进来呢?回答也都是绝对肯定的。理由是这些"落后"人群还没有达到有权利建立属于自己的国家的文明程度。我们看到,在他们对这三个问题的回答中,族裔民族主义立场与国家民族主义立场经常是混杂在一起的。

  辛亥革命之后,中华民国的国策马上从"驱除鞑虏"转向"五族共和"。"中国"的双重含义之间的张力由此获得部分的缓解。另外,由于当日中国面临更急迫的危机,民族关系可能一度不再属于最为人们关注的焦点所在。但是问题还没有真正解决。不但满族从一开始就被迫承受着巨大的精神压力,而且国民党以"五族共和"为标志的民族政策在后来也没有得到真正全面、具体的贯彻落实。最近,我在斯·索塞克(Svat Soucek)著《内亚简史》里读到:"苏联的民族和语言政策其实充满着矛盾";1924年在苏联内部划分民族国家的举措与稍后表现出来的将苏联版图"最终俄罗斯化"的意图,证明"莫斯科自相矛盾的心理似乎确实在它的民族政策中达到高峰"。这极可能是在非民主体制下的多民族国家都很容易碰到的普遍困境。

国民党民族政策的矛盾性,在抗日战争时期又一次被集中地反映了出来。正当被迫迁往西南的一批民族学家孜孜于发掘当地民族学素材之时,傅斯年提出,面对日本企图从民族关系入手肢解中国的阴谋,若执意于"分析中华民族为若干民族,足以启分裂之病"。因此他主张,对那些尚未发育出成熟的集体身份意识的"蕃夷"人群,中国学者应"少谈'边疆'、'民族'等等在此有刺激性之名词","务于短期中贯彻其汉族之意识,斯为正途。如巧立名目以招分化之实,似非学人爱国之忠也"。在傅斯年的影响下,顾颉刚抱病写出《中华民族是一个》的议论文。他声称:"中国之内决没有五大民族和许多小民族,中国人也没有分为若干种族的必要";"我们从今以后要绝对郑重使用'民族'二字,我们对内没有什么民族之分,对外只有一个中华民族"!①

傅斯年等为什么如此忌讳"分析中华民族为若干民族"呢?他们担心的,是民族一旦被"分析"、"界说"出来,就可能引发其"国家诉求"。也许正因为身处在基本保留着帝国时期版图的一个现代民族国家之中,相比之下,他们似乎要比很多其他国家的政治家更早就敏感地意识到,族裔民族主义的立场可能会引起民族与国家之间激烈的观念冲突。"中国"的双重含义之间的张力所带来的困惑再度展现出来,不过采取了一种与从前不太一样的曲折形式。苦恼仍旧来源于国家与民族不能合二而一。所以有必要成就一个具有"国族"性质的"中华民族"。然而对这个"中华民族",还需要"贯彻其

---

① 见华涛:《民国时期的"回族界说"与中国共产党〈回回民族问题〉的理论意义》,《民族研究》2012年第1期。

汉族之意识"。如果当时有人进而追问他们,这个"国族"所讲的,到底应该是藏语、蒙古语,或者汉语?我猜他们给出的答案,大概不能不是讲汉语。所以在他们内心深层的不自觉之处,这个所谓"国族",其实还是汉族而已!"五族共和"从政治目标被有意识地蜕变为对中国实行全面汉化的依赖路径,实际上就是要在"五族共和"的幌子下转回传统的"书同文,行同伦"的立场。这是对"五族共和"原则立场的背叛。

在这样的对比下,我们可以看出中国共产党推行的民族平等和民族的区域自治政策的英明所在。讲完了上面两个问题,再来认识当代中国作为一个多民族统一国家究竟具有何种特殊性的问题,就有了比较好的基础。所以接下来想简单地说说,从这样一种历史角度出发的思考,会给我们认识今天中国的边疆政治与民族关系带来一些什么样的启发。

三

我们先来比较一下明朝和清朝国家建构之间的不同。根据传统的"天下中国观",明人把天下划分成由明政府直接治理的省—府—县建制的地区,也就是"中国"的本部,以及朝贡地区这样两部分。在这两部分之间有一个过渡地带,又分别由内、外两个层面,即"土司"建制地带和"羁縻"建制地带所构成(见图9)。位于"羁縻"地带以外的那部分"天下",虽然也被看成是属于广义的"朝贡"地区,但其实"天朝"对那它们只能采取"来者不拒、去者不追"的放任态度,用今天的眼光看,实际上都是十足的"外国"。在这幅"天下"结构图里,"中国"与"天下"其余部分的界限在哪里呢?"中国"从

图9

它的本部一直向外伸延到它的"土司"建制地带。按照理想的治理目标,这个外围地区将会通过"改土归流"而最终被治理内地的省—府—县体制完全消化。而在土司地区之外,"羁縻"地区就成为从"中国"向非"中国"的"天下"其他部分过渡的地带。如果近现代中国是承袭着明朝国家建构的历史遗产而成立的,那么这个"中国"的版图将很难囊括内蒙古、新疆、西藏,以及辽宁以北的东北其他地区。它比南宋大一些,包有宁夏、甘肃,有云南。但其实这只能算是它继承了元朝遗产的结果。明代"中国",基本上是一个汉语人群和汉文化的中国。

清朝当然也受"天下中国观"的影响。但是正如前面已经讲过的,它对中国历史的独特贡献,在于把内亚边疆帝国的国家建构模式引入它的统治体制。清王朝通过新创制的理藩院机构,将国家治理范围拓宽到"土司"辖地之外的广袤的"朝贡"地区。自从北宋以后整整一千年间,只有在清代,或许还应当加上明以前的元代,"中国"才呈现出它作为一个多民族统一国家的面貌。清朝的国号最先叫dai-qing gurun,即"大清国",后来满文中又出现了tulimbai gurun的专名,就是汉语"中国"的满文对译词。这是满洲人把自己看作"中国人"最直接的证据。有些西方人用民族主义思潮席卷时代的"后见之明"看待清朝,说清政权不能算"中国"。但满洲人自己都把清朝与中国等同看待,别人还有什么理由认为清朝不是中国呢?蒙古语"中国"的对译词 tumdadu ulus，很可能也是根据满语翻译过去的。

中华民国的版图，是从清朝继承来的。但这并不是没有代价的。中华民国用承担清朝与列强签订的全部不平等条约所规定的义务作为代价，换来国际条约体系对中华民国继承清朝疆域版图的承认。在那以后，只有苏联违背了它对中国的承诺，其结果便是属于清代中国领土的外蒙古各盟旗从中国分离出去，成为一个独立国家；不仅如此，由于蒙古独立而成为飞地的唐奴乌梁海地区最终也被纳入苏联自己的版图。

所以，如果说这个世界上绝大部分近现代国家的成立，都是以民族国家的形式从过去的帝国如奥匈帝国、奥斯曼土耳其帝国、神圣罗马帝国，或者从列强建立的殖民帝国中分离出来、独立建国的结果，那么中国和苏联就曾经是两个少见的例外。而在苏联解体之后，中国变成几乎唯一的基本保留其帝国时代疆域版图的现代国家。西方学者中因此有人把这种所谓"令人吃惊的统一"看作是"中国的神话"。在他们看来，近现代中国的民族主义努力，很像是在把一件现代民族国家的紧身马甲，硬套到帝国的身躯上去。研究中国问题的著名政治学家白鲁恂说："以西方的标准看来，今日中国就好像是罗马帝国或查理曼时代的欧洲一直延续到当前，而它如今却又在行使着一个单一民族国家的功能。"与其把外国人的这种想法简单地理解为是在对中国进行不怀好意的煽动和破坏，不如说他们中间的绝大部分人，实际上是在以他们自己的国家诞生于某个分裂的帝国的历史经验，来看待一个全然不同的中国的结果。

如果以上的认识可以成立，那么它就可以看作是中国民族问题之所以会产生它非同小可的独特性的历史渊源。这就是我要说的有关中国民族问题独特性的第一层含义。

由此产生的第二层含义是,这种独特性主要并不表现在中国少数民族的人口比例有多高。相反,跟世界上的其他大部分多民族国家相比,中国少数民族的人口比例并不算高。根据1970年代的一项统计,在当时的132个民族国家里,只有12个国家属于单一民族国家,有50个国家的主体人口在总人口的四分之三以上,主体民族人口占四分之三至一半的有31个,在剩下的39个国家里,人数最多的那个民族所占人口只有总人口一半以下。在中国,汉族之外各少数民族的总人口大体等于总人口的百分之十多一点。它们在总人口里占据的比例,远远算不上是高的。中国的特殊性在于,这百分之十的少数民族所曾长期生产、生活的历史地域,其面积占到中国国土总面积的一半还多一点。面对这样的事实,我们发现,仅仅用"多民族统一国家"这样一个笼统概念来描述中国,好像就显得不太十分贴切了。所以需要引进一个著名的研究当代民族问题的政治学家康诺尔的更细致的分析。二十多年前,他曾把现代国家分为四个类型。又把其中的多民族国家这个类型,分为三种次级类型,即只有一个民族保有其原居地的多民族国家、有许多民族各自保有其原居地的多民族国家,和没有民族保有其原居地的多民族国家。这样的概念区分对认识中国极其重要。因为中国与任何其他国家相比都是一个更十足的 multihomeland multination state。在西部中国至少有数十个仍保留着自己原居地的民族,它们绝不是由1950年代民族识别和民族划分创造出来的;不叫它们"民族"而称之 ethnic groups,仍不能改变这个无论如何都不该被我们故意忽略的基本现实。正如前面已经讲过的那样,之所以会如此,主要原因是由元和清引进的内亚边疆国家建构模式的巨大影响,被这个模式决定性地改造过的中国版图结构和国家认同,以及中华民国对清代政治遗产的继承。

有无原居地(homeland,或者用以赛亚·伯林的用语,成为"家园")的区别,为什么会对考察和分析民族关系变得那么至关重要呢?这是因为拥有自己原居地的民族,会对恒久以来属于他们的这片山水产生一种难以割舍的特殊情感。我们一向把中国各民族之间的关系比作兄弟关系。如果真心实意地看待这种兄弟关系,那么我们就理应问问自己,当一个哥哥以自家人、亲兄弟作为理由,自说自话地跑到弟弟们家里去翻箱倒柜的时候,那一群弟弟们又会作何感想?事实上,这里涉及的不只是特殊感情的问题。原居地的自然生态和社会生态,对于保存该民族的语言、文化、宗教和生活方式具有至关重要的意义。这就产生出这样一个问题:每个民族是否应该拥有某些特定的政治权利,以便根据本民族的集体意志去治理他们长期赖以生存发展的那片原居地?我认为答案应该是肯定的。没有一定的政治权利来保障,那个民族的集体意愿,它的民族语言和民族文化的保护与发展,就可能变成一种空洞而难以落实的说辞。这是无法由任何一群其他什么人越俎代庖就可以干得好的。

过去一百年来有关社会变迁的一系列理论,包括例如涂尔干、马克思和马克斯·韦伯的理论在内,都极其强调前工业革命社会与后工业革命社会之间显著巨大的差别,并且不切实际地预期,在后工业化时代,不同人群所拥有的不同社会文化系统都会随着它们各自的现代化过程而逐渐趋同,从而产生出某种覆盖了整个人类的单一的、就像铁板一块那样同质化的"现代文化"。但是,人类社会现代化的实践经验告诉我们,那种结合了科学、技术的交流扩散,以及世俗化和理性思潮的世界文化尽管所向披靡,但它事实上并没有能力把各民族的文化都变得一模一样。全球化过程在每一个地方都只能以其特有的"在地化"或地方化形式才能获得实现。正像杜维明常常喜欢引述的,globalization 与 localization 之间的互动与整合,产生的是一种 glocalization 的结果。"全球化"在其中只剩下词头上的一个字母G。不同国家的文化之间是这样,同一国家内部不同民族的文化之间也是这样。中国文化当然都必须拥有"中国的"这一共同特性,但这不等于说,中国文化现代化的目标,就应该是创造一种覆盖了全部中国人的单一的、如同铁板一块那样同质化的文化,无论它以汉文化或者中国某一个其他民族文化作为基础。

说到这里,我们已经面对着一个非常敏感、但又绝对无法回避的问题:如果说在一个多民族的国家内,各少数民族应该拥有"一定的政治权利",以有利于在历史地属于他们的原居地保存和发展他们自己的语言和文化。那么这里所谓"一定的政治权利",是否包括这些少数民族要求从它目前所在的国家内分离出来、独立建国的权利?对这个问题,要分成两个方面来回答。

一方面,任何人都不敢担保,在这个世界上,今后绝对不会再发生某个少数民族从它所属的多民族国家内分裂出来、独立建国的事件。在某些特定历史条件下发生这类事件,并不是完全不可能的。尽管我们做不到事前就预知所有那些"特定历史条件"是什么,不过至少它们中间很可能包含了以下三者:第一,那个多民族国家由于外敌入侵或内乱而陷于解体;第二,极其严重的民族压迫使遭受压迫的少数民族要求分离和独立的要求正当化;第三,一国内长期滞后的政治民主化改革,受到尖锐的民族矛盾倒逼,而被匆忙推入实施轨道。

而在另一个方面,我们又可以相当有把握地说,在未曾发生某些特定历史条件的情况下,被赋予多民族国家内部少数民族的必要的和一定的政治权利,不应该包括它们要求从所属国家分离并独立的权利。但是拒绝这样的权利,是否又意味着我们必须全面否定这两百年以来各民族为挣脱帝国奴役的枷锁、争取独立和解放所从事的英勇斗争的历史正当性呢？我的回答是：在今天的国际关系形势下拒绝这样的权利，绝对不意味着我们同时必须从头到尾去否定"一个民族，一个国家"的政治诉求在过去两百年间民族主义斗争中所曾具有过的历史合法性，以及这一诉求曾经拥有过的在基本人类价值和道义方面的充分正当性。

这里的关键是，当代人类所面临的民族问题现实，使他们不得不改变对"一个民族，一个国家"这一口号的基本态度。其中最根本的原因在于，两百年来以这一口号作为理想发动起来的一系列民族主义运动的结果，不断地在否定这一口号本身。二十多年前，著名的美国历史学家麦克尼尔有一本小册子叫《多族裔性与世界历史上的民族国家统一》(1986)。它已经用十分简明易懂的风格，讲述了西北欧洲作为"拉丁基督教世界"的边缘，如何在18世纪后期和整个19世纪特定的历史环境下形成了若干单一民族国家，而除了法国稍有特殊外，"多族裔性"又为什么必然地会成为此后形成的大多数民族国家的基本特征。大多数现代国家都是多民族国家的事实告诉我们，在今天，一个民族是不可能随时都有权利自行建立国家的。因为国际政治体系显然无法接受"被看起来是自成单元的这个或那个人群所支配的地域"不断地、没完没了地从现成国家分裂出去的事实。而在可以预见的当代世界体系中，所谓"后民族时代"的到来似乎仍遥遥无期。克雷格·卡洪指出，那些代表了典型世界主义形象的精英们，包括加入到全球公民社会的"穷"国的精英在内，对他们来说，"好"护照和容易获得的签证、国际信用卡和航空俱乐部的成员身份、国际会议组织的邀请函与组织上的接触，都在促进他们将世界视为一体；但大多数中下层的人民仍然需要依赖民族、国家和社群来解决生活中的许多基本问题,保护他们的基本利益。这就是说,民族国家依然会长期承担国际关系中最基本政治单元的功能,我们还无法完全从民族主义的基本立场上解脱出来。所以我们可以做的选择,就只能是在坚持民族主义这面旗帜的同时,更换写在旗帜上的"一个民族,一个国家"的口号。这是完全可以做到的。因为没有一种原则是永恒而不可变易的。事实上,正像前面已经说过的那样,"一个民族,一个国家"的原则,也不是从一开始,而是到后来才成为民族主义的最基本诉求的。它本来就是在变化中被写上民族主义旗帜的。既然如此,为什么现在它就不能再有所变化了呢?

因此,21世纪的人类社会需要一种新的民族主义。一方面,它应当回到早期民族主义曾最予强调的主权在民的原则,以及保障国家疆域内不同身份的人民都能享有基本平等的原则,回到它最初作为"限制政府权力、确保公民权利的政治运动"的性质。不过这并不意味着,新的民族主义只是简单地主张回到民族主义最原初的立场上去而已。前面引述过的法国革命中克莱蒙特—丹奈赫的言论表明,早期民族主义对于现代民族国家所可能具有的民族多样性,几乎完全没有意识。正相反,存在于他们思想深处的对本国文化发展的模糊预期,实际上还是通过将该国主流人群的文化覆盖到国家全部疆土的途径,来实现民族国家在经济文化上的"均质化"。而新的民族主义必须在这一点上超越早期民族主义;即它应当以前所未有的热情,全身心地拥抱多民族统一国家的观念。

我认为,认识并坚持这种新的民族主义立场,对于更深刻地理解和处理中国的民族关系问题有极其重要的意义。

这就让我们想起费孝通先生提出的中华民族"多元一体"这个重要概念来。

我们都知道,在民族学的理论与方法中,被考察人群的主体意识和自我叙事被放置在极其重要的地位上。对"民族意愿"的高度重视,实际上就是对上述观念的进一步提升,从而把它贯穿到我们对中国民族关系和民族问题的现实关怀之中。在这个意义上,中华民族"多元一体"的观念由费孝通先生这样一位民族社会学家提出来,就不完全是偶然的了。我以为,"多元一体"论所包含的深刻含义,还远远没有被我们完全认识。从最一般的意义上看,它所反映的,可以说只是这个世界上绝大部分现代民族国家的普遍状态。但是我以为费先生这个观念之所以了不起,并不在于他仅仅说出了全人类社会带普遍性的某种一般现象而已。它是对中国民族关系和民族问题特殊性的一种精炼概括。这种特殊性,来源于我们刚刚提到的这样一个基本事实:既然现代中国历史地继承了一个前现代帝国的版图,我们就需要有一种特别宽厚的胸怀和眼光,去处理这个其他国家和人民没有遇到过的局面,用中国人的智慧、用理解的同情,去维护这个包纳着数十个各自拥有其原居地的民族的多民族国家的统一和领土完整。

这样一个多民族国家不能没有一种主体语言和主体文化。毫无疑问,中国的主体语言和主体文化,只能是属于中国人口将近90%的主体人群的语言和文化,也就是汉语和汉文化。这是任何人无法否认的事实。但是承认这个事实,并不意味着就必须否认另一个同样明显的事实,即这个主体语言和主体文化,无时无刻不在侵蚀和损害各少数民族的语言和文化。根据我们过去的认识,中国所以需要一些特殊的民族政策,是因为各民族在政治上的平等,不能立即消除历史上曾长期存在的民族压迫所导致的民族间在经济和文化方面"事实上不平等"。各民族间"事实上不平等"的提法,未见于马克思、恩格斯的经典著作,而是 1950 年代初期的统战部基于经典著作的一个创造性发挥。据说毛主席非常欣赏这个表述,曾夸奖说:"统战部有人才。"但是现在看来,这样的认识恐怕还是不够的。需要用特殊的民族政策来弥补的,不仅是历史造成的不平等,而且还有少数民族在多民族国家内无法避免的边缘地位所带来的对他们语言和文化发展的制约。正因为如此,至少是在他们的原居地,他们必须拥有某些特别的政治权利,根据自己的意愿和决策,来保护其语言和文化的纯洁性与完整性。

因此,在解决中国民族问题时,我们没有理由去仿效主要反映了移民国家历史经验的"民族熔炉"模式。我们不应该赞成那种以"去政治化"来漂洗民族问题的基本属性,借以把民族问题转换成文化问题、尤其是保护"地方文化"的问题的主张。我们也不能赞成从民族区域自治的立场上倒退的所谓"改制建省"的方案。我们不应该把蒙古文化或藏文化与汉文化之间的区别,仅仅看作是类似于江苏与江西文化之间的那种地域文化差别,或者把内蒙古自治区与河北省看作是拥有完全相同的治理权限、治理目标和治理性能的地方行政建制。

我提到取消民族区域自治的主张,这并不出于虚构。相反,我很担心这甚至是中国知识界关于解决民族问题的主流观点。两三年前,在上海一个向社会开放的读书会上,上海研究国际关系的一个学者就公开宣扬:苏联的解体表明,民族的区域自治政策是一条走不通的死胡同。对此,我想提三点看法。

首先,苏联的瓦解与它的民族区域自治政策到底是什么样的关系?对二者之间的因果关系,用一个如此简单武断的陈述是否就可以算是做出了交代?在这里我不准备直接回应他的这个具体看法。

我想以康诺尔在1980年代对发达国家内族裔民族主义思潮的分析来作一点方法论上的检讨。他从各种相关社会学调查资料中一共概括出十三条基本认识。为节省时间,这里只介绍其中六条:(1)一国之内各少数族裔对民族关系的认知态度和立场,可能有极大的差异;(2)就大多数被调查者来说,对国家的情感可以与族裔意识并存;(3)在分离主义十分活跃的大部分个案里,涉及人群的大多数并不赞同分离;(4)但占压倒性多数的人确实赞成改变政治制度以获得更大程度的自主;(5)在拥有资料的全部个案里,占压倒性多数的族裔群体成员拒绝以民族的名义施行暴力行动;(6)另一方面,当民族关系的危机导致暴力发生时,有很大比例的人,包括不赞成分离行动的人,都会同情那些暴力参与者,并把对暴力的谴责指向另一方。康诺尔强调,他并不暗示,这些来自第一和第二世界的经验信息,必定适用于估计第三世界国家内的民族问题。我深感我们太缺少像这样实事求是的细致分析。有关部门对很多问题的解释,不太注重证据,好像只要把有关事件与"境外反华势力"、"敌对势力"、"达赖集团"等等标签挂上钩,就足以说明问题了。这样的逻辑,是否会让人觉得和把苏联瓦解的账算到民族自治制度头上的说法有点相像?复旦大学一位著名的国际问题专家在校内报告里曾说,我们的对外政策向来有三套说法,一套对国内,一套对国外,一套放在肚子里。这让我想起孟德斯鸠对中国商人的评论。他说,中国商人手里有三杆秤,买进用大秤,卖出用小秤,碰到难以蒙骗的人就使用第三杆分量标准的秤。国家如果被人认为是在以奸商的把戏待人,又怎么能赢得信用、尊严和荣誉?

我的意思并不是说,总是有谁想要故意去诓骗什么人。问题在于,我们确实经常担心一般人民太容易被事物的复杂性所迷惑与误导，所以老是倾向于诱导人民以某种简单化的、线性的、非此即彼的思想方式去看待本来十分复杂的事情。当大多数人们逐渐习惯于认为，天下万事正确与否都只能有一个普遍绝对的、简单化的标准答案时，他们就真的变得不知道如何去面对复杂变化的事实真相了。因此，为了不使他们的心中方寸大乱，就只能让他们了解他们可以了解和应当了解的那部分事实，听见他们可以听见和必须听见的那些声音。

问题在于，这样一种思想"喂养"的方式，恰恰与人类学习和反思过程中的本质互相抵触。这种本质要求我们对事物的复杂性和特殊性保持高度的敏感。在最近出版的《善的脆弱性：古希腊悲剧和哲学中的运气与伦理》一书里，作者指出，即使终极的善，它本身也不是不包含任何冲突和对立因素的单一和纯粹的东西。所谓"善的脆弱性"，是说善在它的各个意义层面上完全可能是互相冲突的。因而我们不应该用"单单执著于唯一的一种价值，而摈弃所有其他价值"的错误方法来摆脱这样的冲突，我们应当在"复杂多样的承诺之间，找到一种没有冲突的和谐，而不忽视任何一种承诺"。这就需要我们强调"对复杂性的回应和关怀，尤其不赞成那种把特殊归于普遍的东西"。作者写道，我们需要学会的是，"通过思想和想象，在被看到的那个特殊事件谜一般的复杂性周围，反复盘旋捉摸，……宛如坐在互相联系的蜘蛛网中央，回应来自每一根线索的张力"。

当然，强调对复杂性的意识和小心斟酌，并不等于主张用价值相对主义去模糊我们必须坚持的原则与立场，而只是为了非常强烈地提醒我们，任何原则和立场都不会是永恒地和绝对地排他的，也不是在无论何种境况下都能毫无疑问地为我们所持守的。熊彼得说，文明人与野蛮人的差异，在于前者了解个人信念只具有相对的有效性，但却能够坚定不移地捍卫这些信念。这句话曾被很多第一流的思想家,例如以赛亚·柏林、理查德·罗蒂等人引用。我觉得,中华民族可以、而且也完全应该学会像这样地"思想和想象"。用思想喂养的方式,结果将会把人民变成"没有灵魂的僵尸"(圣西门语)。而一个由没有灵魂的僵尸所组成的民族,可能会有一个"伟大领袖",如果足够幸运的话,但它本身是不会成为一个伟大民族的。

其次,担心承认民族自治和少数民族的必要政治权利就会必然导致分离主义得逞的人,实际上是站在与民族分离主义相同的理论立场上。这个立场就是把"每个民族都有属于自己的国家,每个民族都只能有一个国家"的玛志尼信条绝对化、永恒化。两百年来,写在民族主义旗帜上的这句口号是推动国际政治走向今日成就的正义和正当的诉求。但是正如前面已经分析过的,我们今天要实行的对策,恰恰是要扬弃对"一个民族,一个国家"不切实际的幻想,而不是把民族主义的政治诉求简单等同分离主张,即不能在"去政治化"的名义下把少数民族对正当政治权利的要求与分离主义立场混为一谈,一概予以否定。

第三,表面上从国家民族主义的立场反对族裔民族主义的人,实际上很可能是站在同样性质的族裔民族主义立场上,不过那是一国之内主体人群的族裔民族主义立场而已。我经常问那些抽象地空谈民族融合的人:你说的那个实现了融合的民族,到底是说汉语的、还是说藏语或维吾尔语的?这时候就不难发现,在他们思想里的未经省察之处,"书同文、行同伦"的大汉族沙文主义传统影响其实并没有被肃清。辛亥革命前的革命派认为少数民族不具备与汉族一样享有平等政治权利的资格,国民党后来实际上是想通过对各少数民族实行"汉化"来造就文化上无差别的"国民"。今天仍有很多人相信一国国民在文化上变得越来越"均质"是"现代化"过程不可避免的结果,而这种绝对的"均质"论实际上就是在主张用主体民族的文化对少数民族实行同化。在上述那些表面上的不同理由背后,不自觉地反映出来的,难道不正是与大汉族沙文主义倾向一脉相承的旧传统的影响吗?

在结束今天的讲演时,让我们回到费先生的"多元一体"论上来。我好像听见他在微笑着问:"嘿,你们真的懂了我所说的'多元一体'吗"? 这是一篇大文章。中国作为一个多民族统一国家的未来命运,需要我们创造性地写好费先生这个问题的答卷。它需要在充分自由的讨论、交流和沟通中实现。今天我的发言,就算是为写好这份答卷而提出来供更深入的交流、沟通的一点意见。其中一定有很多不对的地方,请各位批评。谢谢各位。

全球化时代的"理"与"势"

陈 来

古代儒家的历史哲学,常用"理—势"的分析框架来观察历史。所谓势,就是说,成为一种现实的趋势,所谓理,就是规律、原则、理想。势往往与现实性、必然性相关,理则往往联系于合理性而言。二者有分有合。离开历史来发展现实,空谈理想和正义,就会被历史边缘化。但如果认为"理势合一"是无条件的,那就意味"凡是现实的都是合理的",使我们失去了对历史和现代的批判与引导力量,抹杀了人对历史的能动参与和改造。因此,就本来意义上说,"理—势"分析的出现,既是为了强调人对历史发展趋势的清醒认识,更是为了强调人以及人的道德理想对历史的批判改造的功能。从前人们常说"历史潮流,不可阻挡",历史潮流就是势。势或历史潮流有其历史的必然性,但不一定是全然合理的,不是不可以引导的,但不顾历史大势,反势而行,逆历史潮流而动,则必然要失败。妥当的态度应当是"理势兼顾",本文将以此种立场来分析全球化的问题。

一、历史的终结与历史的开始

1980年代末至1990年代初,冷战的结束,使得福山急忙地断言了一个历史的"终结";而与此同时,"全球化"一词的适时浮现,则似乎宣布了另一个历史的"开始"。事实上,这两件事确实也有关联。冷战结束以来,现代市场经济体制终于一统天下,也使得许多政治家看到了政治体制全球趋同的远景。在这个意义上,冷战结束的确是"全球化"观念流行的基础,这个意义上的全球化,是世界体系从"分异"到"趋同"的演化。

促使全球化的观念流行的另一动力来自新技术革命。20世纪80年代电脑使用在世界的推广,90年代发展起来的互联网技术与应用,使得当今世界的交往活动方式根本改观。信息技术的日新月异导致了一系列的革命性变化,现代通讯技术以及金融、贸易手段的网络化更新,各种信息超大规模、超高速度地跨国流动,人们所经验的时间空间较以往大大压缩,信息时代以更快的速度把世界联通一体。这个世界的每个地方比以往任何时候都更加了解世界的其他地方,世界其他地方也比以往任何时候都更加了解每个地方。信息时代把从前"中心"和"边缘"的距离迅速拉小。[1]

在政治的和技术的因素发生如此改变的当今世界,从此,资本在全球的自由流动和增值不再有根本性的障碍。[2] 19世纪以来形成的生产的世界分工和产品的世界市场,在新的阶段上更深地、更紧密地把各个国家的经济生产和消费,从而也把各个地方的人民更紧密地联结在一起。经济的全球化已经是一个不争的现实。正是在这样形

---

[1] 麦克卢汉在60年代便根据通讯信息的发展而提出"全球村世界"的说法,现已公认为全球化论说的滥觞。

[2] 亚洲金融危机时加尔布雷斯在新闻访谈中称,美国人发明全球化这一概念,目的在于使他们的境外投资受到尊重并促进资本的国际流动。《全球化话语》,上海三联,2002年,第207页。

势之下,1992年联合国秘书长加利宣布"第一个真正的全球化时代已经到来"。

以上所说的三个方面,构成了当今世界全球化的大"势"。其内涵就是,全球经济的一体化和信息的联通化越来越使全球各地方联成一整体;在当今世界,任何一个国家的经济、技术、政治的发展都不可能脱离世界之网。在当今世界,任何闭关自守、孤立于世界的发展努力都不仅是徒劳的,而且注定是失败的。

今天,面对经济、技术的全球化,以及由此带来的人们对推进政治民主化的要求,我们必须以"全盘承受"的态度,全面加强和世界的联系与交往,加速科技文明的进步,加快学习现代企业制度及其管理体系,推动政治文明的不断进步;立足于民族国家的根本利益,充分利用全球化的机遇,趋利避害,大大发展生产力;借助全球化,促进现代化,在积极融入全球化的潮流中,建设起适应世界发展和潮流的社会,促进中华民族的伟大复兴。

以上是我们对于全球化的基本态度,但这并不是本文的重点,本文的重点是不仅关注全球化运动的"势",也要分析其中的"理",尤其注重全球化运动的文化面向,从而使我们不仅成为全球化运动的参与者,也时刻保持对全球化运动的清醒分析,在参与中发挥东方的力量,促进全球化运动向更理想的方向发展。

二、"世界化"的历程:普遍交往和相互依赖

如果放开历史的眼界,把晚近迎来的所谓"全球化"进程放在近代世界历史的发展中,放在世界"现代化"运动的展开过程来看,那么可以说,全球化其实是世界史上现代化发展的一个新的阶段,是世

界各地区联结一体进程的一个新的阶段,当然也是全球资本主义发展的一个新的阶段。①在这个意义上,"全球化"一词的讨论虽然是在90年代,而对于全球化趋势的分析则至少可以追溯到马克思和恩格斯在19世纪中叶建立的"世界历史"理论。②

应当承认,全球化已经成为一个诠释的主题,它所引发的各种诠释涵盖了人类社会实践的多个领域。因此,如果把上世纪90年代以来兴起和流行的全球化概念看作狭义的全球化概念,即指冷战结束以后以信息技术革命为基础的世界新发展时期,那么,要思考和回应全球化运动的特质,就必须回到广义的全球化观念,即19世纪以来有关世界交往联系加深的理论思考。其中最重要的是马克思关于"世界化"的思想。

早在《德意志意识形态》中马克思就指出,由于民族间交往的封闭状态日益被消灭,人们的存在已经不再是"地域性的存在"了,而是"世界历史性的存在"了,而"历史"越来越成为"世界历史"。这就是说,以前的"历史"只是世界各地方人民互无交往或交往极为有限的历史,那时的世界并没有真正作为一体的世界而存在,即没有作为一个具有密切联系和交往的统一世界存在,从而也就没有作为一个具有密切联系和交往的统一世界的历史。这样一个具有密切联系和交往的统一世界的历史马克思称为"世界历史"。因此,相对于以往交往不发达的"历史","世界历史"则是世界各地方联通一体的生

---

① 罗兰·罗伯逊认为全球化的早期阶段可以追溯至15世纪早期的欧洲,见其论文《为全球化定位:全球化作为中心概念》,载《全球化话语》,上海三联,2002年,第14页。亦可参看其著作《全球化:社会理论和全球文化》,梁光严译,上海人民出版社,2000年。
② 参看丰子义、杨学功:《马克思"世界历史"理论与全球化》,人民出版社,2002年。本文引用的马克思文献,皆转引自该书,以下不更注明。

存历史。在马克思看来,近代的整个历史发展,就是从以往缺少相互交往的"历史"走向普遍交往的"世界历史"的进程。他指出,这种"历史向世界历史的转变",不是抽象的,是可以用经验事实说明的,"如果在英国发明了一种机器,它剥夺了印度和中国的无数劳动者的饭碗,并引起这些国家的整个生存形式的改变,那么这个发明就成为一个世界历史性的事实"①。

技术发明当然不会独自产生这样的结果,它的革命作用是和世界市场的形成联结在一起的:"资产阶级,由于开拓了世界市场,使一切国家的生产和消费都成为世界性的了,……新工业的建立已经成为一切文明民族的生命攸关的问题。这些工业所加工的,已经不是本地的原料,而是来自极其遥远的地区的原料,它们的产品不仅供本国消费而且同时供世界各地消费。旧的、靠本国产品来满足的需要,被新的、要靠极其遥远的国家和地带的产品来满足的需要所代替了。过去那种地方的和民族的自给自足和闭关自守状态,被各民族的各地方的互相往来和各方面的互相依赖所代替了。"②马克思把这样一种世界历史性的变化的本质,揭示为"全人类互相依赖为基础的普遍交往"③。

可见,马克思在19世纪中叶所揭示的"世界性"的发展,和我们今天所面对的全球化发展本质上一致的,其要点在指出这个时代世界各个国家及其人民的"普遍交往"和"互相依赖"。④不过,马克思

---

① 《马克思恩格斯选集》第一卷,第88—89页。
② 同上书,第273页。
③ 同上。
④ 现代学者对全球化的理解仍与马克思接近:"全球化可以这样被定义为世界范围内的社会关系的加强,这种联系以一地发生的事被遥远地方所发生的事所影响的方式将相距遥远的地方联系起来。"《全球化话语》,第107页。

自己并不用"全球化"的说法,而是更多使用"世界历史"、"世界历史性"的概念,以指出历史的世界化和交往的世界化,在这个意义上,马克思自己应当更倾向于接受"世界化"的概念。从马克思的角度来看,从19世纪的"世界化"到今天所谓"全球化",其本质都是"全人类的普遍交往和互相依赖"。从这方面来看,今天的全球化,可以说是"世界普遍交往和互相依赖的全面扩展和深化"。

三、"全球化"的趋势和结构

在这样一种观察下可知,全球化实际是马克思所说的资本"世界化"的一种新的发展阶段和形式。从历史上看,近代欧洲商业和贸易的繁荣,并不能自发地导致世界市场,它只能要求世界市场。新大陆的发现和新航路的开辟,以及大工业和商业革命,都不能自发导致世界市场。正是殖民主义和帝国主义以"船坚炮利"强力打开非西方的世界的大门,强迫这些国家卷入近代文明,促成了世界市场的形成,这也就是最早的全球化运动。于是,在世界市场形成的同时,产生了世界性的从属关系,这就是马克思所说的:"正像它使农村从属于城市一样,它使未开化的国家从属于文明国家,使农民的民族从属于资产阶级的民族,使东方从属于西方。"[①]我们今天所面临的全球化也仍然强化着这样的世界历史性的从属结构和权力关系。

马克思所指出的"从属"现象,现象地指出了一个多世纪以来全球交往所展开的历史特征,也是近代历史的大走势。历史的现实总是通过"势"来发展的,但"势"是历史的现实,而现实性不等于合理

---

① 《马克思恩格斯选集》第一卷,第266—277页。

性。现实是对立的统一,往往同时包含着合理性和非合理性。一百多年来世界历史的发展进程是在一个历史地形成的"从属"结构中实现的,这个从属结构就其世界化而言,其根本特点是"使东方从属于西方"。因此,世界化也好,全球化也好,从来不是抽象的,而是在一定的历史条件下、一定的权力关系、一定的利益冲突格局中发生和进行的。马克思所说的四个"从属于",正是这样一种历史的现实。

"全球化"已经成了我们时代使用频率最高的跨学科词汇。但是"全球化"的定义五花八门,莫衷一是。在有关"全球化"的诸种说法中,"经济全球化"的使用最为广泛,在这个意义上,"全球化是指各种生产要素或资源在世界范围内自由流动以实现生产要素或资源在世界范围的最优配置",成为常常被人们所引用的定义。这里所谓自由,所谓全球,都是相对民族国家的单位而言。

然而,全球化是一个历史的过程,它是在一定的从属结构和民族国家利益冲突格局中展开的。真实的、历史上发生着的全球化远没有新自由主义鼓吹的那么自由。资源、技术、管理的流动,本质上都是资本的流动。在市场经济一体化的当今世界,这些生产要素的流动比以往任何时代都要快,流动的规模也遍及全球各地。但劳动力的自由流动在民族国家的签证制度下从来就是空想,全球化时代发达国家对移民劳动力的排斥越来越大。能源的流动受到美国霸权的全球监控,美国不仅控制中东等石油资源,并且以全球的制海权制约着海上石油运输。中国虽然已参加世界贸易组织(WTO),但中国商品的准入不断受到欧美的打压,美国和欧洲从来没有放弃贸易保守主义的政策以保护其国家的利益。军工商品的贸易更是如此,以色列与中国之间的贸易始终受到美国的阻挠。可见西方发达国家从来不允许全球化阻碍了其国家利益,民族国家的利益在这里始终是

"在场"的。如果说西方国家在什么地方未强调民族国家，那一定有另外的区域组织或国际组织代表着他们的集体利益。所谓全球化的自由，是在既有的国际政治经济秩序中发展的，而这一国际政治经济秩序是由西方国家建立规则，这一秩序的框架是以有利于西方发达国家为根本原则的框架。资本与其他生产要素的流动，只有在不影响这一格局、只有总体上不减少发达国家既得利益的前提下，"自由"才有可能。所以，全球化的结果，并非全球所有国家都能得益受惠。正是因为如此，人们看到的全球化结果更多的是"资本流遍世界，利润流向西方"。如同一切液体是在势能的作用下流动一样，生产要素的自由流动是在一定的现实的从属结构中实现的。1997年亚洲金融危机提醒人们，全球化的展开并不导致所有国家受惠，非发达国家很容易成为受害者。2001年的"9·11"事件导致的美国国家安全政策的变化，更加显示出"后民族国家"、"后主权时代"远没有来临。事实上，美国推动和主导的全球化，不仅要使美国和西方发达国家的生产方式以及与之相适应的经济关系全球化，使美国主导的世界经济秩序彻底全球化，而且包含着使美国和其他西方发达国家的政治价值和政治制度全球化，"使东方从属于西方"。90年代，世界并没有变成一个单一的整体，对立的种族和宗教冲突依然存在，民族国家仍然比跨国公司更有力量，和平远没有比战争和冲突更能成为这个时代的特征。

然而，这种现实的透视，决不是主张拒绝全球化，而是使我们更加清醒地了解百年来的历史大势，了解全球化在可能给我们带来好处的同时所倾向带来的危险。与此同时，我们要认识全球化具有的两面性，积极认清全球化为我们提供了赶上、参与、分享全世界所创造的最新文明成果的机会。

资本没有祖国,全球化时代跨国公司的活跃更证明了这一点。①资本的本性是追逐利润,因此,资本始终谋求和低价劳动力的结合。在19世纪,西方新兴资本主义国家是靠"低廉价格的商品"作为摧毁一切东方万里长城的重炮,而20世纪60年代以来,资本主义的发展则是以跨国公司资本的投资方向朝向第三世界地区为特征。资本在第三世界的落地当然为了利润,但同时也为后发展的国家资本短缺提供了资金来源,为当地劳动力提供了就业机会,为这些国家制造的商品开通了国际市场,为当地技术、市场、管理的国际化提供了条件。从而使得后发展国家通过广泛参与全球化的劳动分工,通过与先进文明成果的连接,获得了促进自己的壮大和获得生产力的发展的机会。跨国资本的积极流动在这里为落后国家进入工业化竞赛提供了机遇,而这往往是民族国家自己难以独立达成的。

但在决定是否积极参与全球化过程的政策和发展战略上,民族国家的角色不仅没有消失,而且对全球化过程起着重要的作用。

四、文化全球化:变"西方化"为"世界化"

本文的重点其实不是讨论全球化的经济、技术、政治的方面,重点仍在文化,即全球化时代的文化关系。从全球化的实践上看,经济和文化可以分开讨论。②如经济全球化的浪潮席卷全球,在第三世界

---

① 罗伯特·考克斯说"多国公司和银行是全球化的主要媒介",见其文《从不同的交通透视全球化》,载《全球化话语》,第19页。
② 罗兰·罗伯森(又译罗兰·罗伯逊)也认为,世界体系在政治上、经济上的扩张,与文化并不形成对称的关系。见《全球化理论谱系》,湖南人民出版社,2002年,第126页。

异议较少;但在文化上,注重本土性、民族性和地方特色的呼声日益高涨,而且这些呼声既来自非西方的国家,也来自欧洲国家。①中国古代的理气论中,有所谓"气强理弱"和"以理抗势"的说法。②如果"气"与"势"一样可表达现实性、必然性的概念,而"理"可以表达合理性的概念,用这样的观点来看全球化的问题,我们可以说,在全球经济领域,气强理弱;但在全球文化领域中,理可以抗势。理念对现实的引导作用更多地体现在文化的领域。

从文化的角度来思考19世纪以来世界各民族历史密切联结,世界各地文化沟通、融合的过程,即从文化的角度来反思全球化的历程、特点,以罗兰·罗伯森为代表,晚近以来已经有了不少申论。

不过,让我们还是先回到马克思:

> ……过去那种地方的和民族的自给自足的闭关自守状态,被各民族的各方面的互相往来和各方面的互相依赖所代替了。物质的生产是如此,精神的生产也是如此。各民族的精神产品成了公共的财产,民族的片面性和局限性日益成为不可能,于是由许多种民族的和地方的文学形成为一种世界的文学。③

这里,"民族的片面性和局限性",不仅对东方是如此,对西方也同样适用。很显然,在文化上,马克思所主张的,决不是"东方从属于西方",他所肯定的是"各民族的精神产品成为公共的财产","由许多种民族和地方的文学形成为一种世界的文学"。这个观点,应当说

---

① 莱利斯辛克莱说:"本土文化抗击全球化力量的竞争诉求,已然在世界范围内把自己提上了社会学,文化和政治研究的日程。"参见其文:《相互竞争中的多种全球化概念》,载《全球化话语》,第41页。
② 气强理弱之说出于宋代的朱熹,以理抗势之说则见于明代的吕坤。
③ 《共产党宣言》,《马克思恩格斯选集》第一卷,人民出版社,2001年,第276页。

不仅是指文学,也代表了马克思在整个人文学领域的世界化观点。在这样的立场上,世界文学、世界史学、世界哲学是涵盖了各地方的各民族的特色,又超越了单一地方单一民族的局限的文化范畴,而决不是以欧洲的范式和特色去覆盖一切民族和地方的文化。

就哲学而言,在全球化的时代,必须一改近代以来西方中心主义的文化理解,那种认为只有西方的哲学才是哲学的观点已经是一种落后于200年来东西方文化频繁交流和普遍交往的经验的观点。在世界化的时代,我们应当把哲学了解为文化,换言之,"哲学"是一共相,是一个"家族相似"的概念,是西方、印度、中国文明各自关于宇宙人生的理论思考,是世界各民族对宇宙人生之理论思考之总名,是一个世界哲学的概念。在此意义上,西方哲学只是哲学的一个殊相、一个例子,而不是哲学的标准。因此,"哲学"一名不应当是西方传统的特殊意义上的东西,而应当是世界多元文化的一个富于包容性的普遍概念。

中国哲学虽然其范围与西方哲学有所不同,其问题亦与西方哲学有所不同,这不仅不妨碍其为中国的哲学,恰恰体现了哲学是共相和殊相的统一。所以,今天非西方的哲学家的重要工作之一,就是发展起一种广义的"哲学"观念,在世界范围内推广,解构在"哲学"这一概念理解上的西方中心立场,才能真正促进跨文化的哲学对话,发展21世纪的人类哲学智慧。如果未来的哲学理解,仍然受制于欧洲传统或更狭小的"英美分析"传统,而哲学的人文智慧和价值导向无法体现,那么21世纪人类的前途将不会比20世纪更好。[①]

全球化一词,若作为动词,本应指某一元素被推行于、流行于、接

---

① 参看陈来:《现代中国哲学的追寻》,人民出版社,2001年,第359页。

受于全球各地,在这个意义上,全球化是有主词的,如说"市场经济的全球化",其主词就是市场经济,如说"美国文化的全球化",其主词就是美国文化。但是,事实上,虽然众多政治家、媒体、学者使用全球化这一语词,但多数人并不赞成这种有主词的全球化理解。从文化上看,原因很明显,有主词的全球化,是一元论的,意味着用单一性事物去同化、覆盖和取代全球的文化多样性,意味着同质化、单一化、平面化,这在文化上是极其有害的。另一方面,这种有主词的全球化,一般被认为是西方化,甚至是以美国的政治经济体制、美国的价值观、美国的文化意识形态作为其主词的,它必然引起与世界各地民族认同和文化传统的紧张。而现实世界的全球化过程也的确有这样的趋势和倾向,特别是美国所主导和推动的全球化始终致力于朝向这样的方向发展。这理所当然地受到欧洲和亚洲等多数国家人民对"文化帝国主义"的警觉和质疑。[1]基于这样的立场,更多的人赞成把文化的全球化视作全球各文化"相互渗透,相互融合"的过程,甚至把全球化作为一种杂和的过程。[2]这样的全球化概念更多地代表一种全球性状态,而不是指单一中心把别人都化掉。可见全球化这一词,既可以是性质的,也可以是状态的,即全球化也可以理解为全球性状态的,这里就不需要主词了。与这样一个时代相适应,必须发展起一些新的、富于多元性的世界性文化概念和文化理解。

最后,全球化和本土化在实践上是互相补充的,所谓"全球的本土化"(glocalization)即是如此。从这个方面来说,全球化应当是多主词的,从而形成复数的全球化,诸多的全球化努力相互竞争、相互

---

[1] 乔纳森·弗里德曼:《文化认同与全球性过程》,商务印书馆,2003年,第294页。
[2] 让·内德·皮特斯:《作为杂和的全球化》,载《全球化话语》,上海三联,2002年,第103页。

影响，共同构成全球化时代大交流的丰富画面。在这个意义上，全球化是一个竞争平台，是一种技术机制，任何事物都可以努力借助当今世界的技术机制使自己所欲求的东西全球化。

五、价值的多元普遍性

全球化为东方文明提供了新的机遇，从根本上改变三百年来东西方文化失衡的状态。因此我们不能把全球化仅仅当作一个外在的客观过程，而应当把它作为参与的、能动选择的、改变着的实践过程。这又涉及到文化认同的问题。在中国，文化认同的问题始终和古今东西之争连接着。

全球化所涉及的古今东西的问题，全球化的讨论和现代化的讨论有些类似，只是方式和角度有所不同。如，在中国近代化初期的启蒙运动中，是以西方 vs 东方；在现代化理论中，是以传统 vs 现代，在全球化论说中则是以全球化 vs 地方性，其实都始终关联着一个根本的问题，即在现代化时代，传统的命运如何，和如何对待传统，如何对待文化认同的问题。我们这里所说的地方性传统，还不是指人类学家常常处理的部落的、小区域的地方，而是指非西方的大文明传统，如印度文明、中国文明、阿拉伯文明。可以说，全球化已经显现出一种趋向，把这个问题提得更尖锐了，即当今全球化的世界，谁在经济政治上有力量，谁的文化就有可能覆盖其他的文化和文明创造。

此外，由于经济全球化的说法最有说服力，所以在这个意义上，全球化突出的仍然是工具理性的全球发展，也因此，全球化中遇到的问题是和现代化运动一样的，如工具理性和价值理性的不平衡问题，德国资深政治家施密特即指出，非全球化可能带来道德退化的问题必须引起注意。

从哲学上说,一个事物或要素在一定的历史过程中被全球化了,表示此一事物或要素自身具有可普遍化的特质,并且这一特质得到了外在的实现。由于早期现代化过程是历史地呈现为西方化的特点,因此,从韦伯到帕森思,在伦理上,都把西方文化看成是普遍主义的,而把东方文化看成是特殊主义的,意味着只有西方文化及其价值才具有普遍性,才是可普遍化的,而东方文化及其价值只有特殊性,是不可普遍化的。从而把东西方价值的关系制造为"普遍主义"和"特殊主义"的对立。这样的观点运用于全球化,就是以"西方"去"化"全球,以实现"全球化"。在这里,全球化的讨论就和现代化的讨论衔接起来了。"现代化"要求从古代进入现代,讲的是古往今来,突出了"古—今"的矛盾;而"全球化"要求放之四海而皆准,讲的是四方上下,突出的是"东—西"的矛盾。60年代的现代化论者突显"传统—现代"的对立,要后发展国家和地区抛弃传统文化价值,拥抱现代化,90年代的全球主义者强调的是"全球—地方"的对立,要用全球性覆盖地方性。可见,从现代化到全球化,古今东西的问题始终是文化的中心问题。从儒家的思想立场来说,针对现代化理论,我们强调古代的智慧仍然具有现代意义;针对全球主义,我们强调东方的智慧同样具有普遍价值。其实,这两种针对性都是强调文化传统特别是非西方文化传统的普遍意义和永久价值,只是强调的重点是一个侧重在时间,一个侧重在空间。

首先,如果我们借用地方性这个概念的话,那么必须看到,人类不管生活在什么样的工业技术时代,人的最直接的生活秩序是地方性的,人在现代化生活之外,要求道德生活,要求精神生活,要求心灵对话,而道德秩序都是由地方文化来承担的,宗教信仰也都是由地方文化来承担的。古往今来，从来没有、未来也不可能有一个全球宗教可以取代一切地方性宗教而成为地球人类的共同宗教。多元化的道德体系和宗教系统是世界的现实，未来几百年也不太会有改变的可能。另一方面，地方文化也可具有普遍性，亦可普遍化，以佛教为例，佛教属于世界宗教，但仍有其地方性，儒教亦然。可见全球化与地方化不是截然两分的，而是互相渗透的。事实上，佛教也好，儒教也好，在历史上都早已不是纯粹的地方文化，而不断地随着传播的可能性而扩展，它们都先在近世东亚取得了世界性，并在近代向更大的世界性展开。这种传播的扩大本身就说明了东方的佛教和儒教具有可普遍化的性质，其内容具有普遍性的意义。

因此，我们必须尝试建立起"多元的普遍性"的观念。美国社会学家罗伯森在其《全球化：社会理论和全球文化》中提出，"普遍主义的特殊化"和"特殊主义的普遍化"是全球化的互补性的双重进程。普遍主义的特殊化，即我们常讲的"普遍真理与（当地的）具体实际相结合"，其普遍主义指的是西方首先发展起来的现代经济、政治体制、管理体系和基本价值，这又可称为"全球地方化"。特殊主义的普遍化则是指对特殊性的价值和认同越来越具有全球普遍性，只要各民族群体或本土群体放弃各种特殊形式的本质主义，开放地融入全球化过程，其族群文化或地方性知识同样可以获得全球化的普遍意义，这是"地方全球化"。①罗伯森的这一说法很有意义，但这种说法对东方文明的普遍性肯定不足。在我们看来，这种普遍和特殊只有时间的差别，西方较早地把自己实现为普遍的，东方则尚处在把自己的地方性实现为普遍性的开始，而精神价值的内在普遍性并不决

---

① 参看《全球化理论谱系》，第131页。

定于外在实现的程度。在我们看来,东西方精神文明与价值都内在地具有普遍性,这可称为"内在的普遍性",而内在的普遍性能否实现出来,需要很多的外在的、历史的条件,实现出来的则可称为"实现的普遍性"。因此,真正说来,在精神、价值层面,必须承认东西方各文明都具有普遍性,都是普遍主义,只是它们之间互有差别,在不同历史时代实现的程度不同,这就是多元的普遍性。[1]正义、自由、权利、理性个性是普遍主义的价值,仁爱、平等、责任、同情、社群也是普遍主义的价值。[2]梁漱溟早期的《东西文化及其哲学》所致力揭示的正是这个道理。今天,只有建立全球化中的多元普遍性观念,才能使全球所有文化形态都相对化,并使它们平等化。[3]在这个意义上,如果说,在全球化的第一阶段,文化的变迁具有西方化的特征,那么在其第二阶段,则可能是使西方回到西方,使西方文化回到与东方文化相同的相对化地位。在此意义上,相对于西方多元主义立场注重的"承认的政治"[4],在全球化文化关系上我们则强调"承认的文化",这就是承认文化与文明的多元普遍性,用这样的原则处理不同文化和不同文明的关系。这样的立场自然是世界性的文化多元主义的立场,主张全球文化关系的去中心化和多中心化即世界性的多元文化

---

[1] 林端从社会学的角度质疑了韦伯—帕森思制造的普遍主义与特殊主义的对立,认为儒家伦理是一种"脉络化的普遍主义",见其文《全球化下的儒家伦理》,载氏著《儒家伦理与法律文化》,中国政法大学出版社,2002年,第187页。
[2] 杜维明在哈佛大学"儒家人文主义"课程中曾就这两组价值孰重孰轻在学生中做过调查,据他说,十年前学生的选择和现在学生的选择有很大变化,现在认为公益比自由重要、同情比理性重要的人越来越多。有关两类价值的分析请看杜维明两篇论文:《全球化与多样性》(《全球化与文明对话》,江苏教育出版社,2005年)和《文化多样性时代的全球伦理》(《儒家传统与启蒙心态》,江苏教育出版社,2005年)。
[3] 参看《全球化理论谱系》,第129页。
[4] 见查尔斯·泰勒《承认的政治》,载《文化与公共性》,三联书店,1998年。

主义。从哲学上讲,以往的习惯认为普遍性是一元的,多元即意味着特殊性;其实多元并不必然皆为特殊,多元的普遍性是否可能及如何可能,应当成为全球化时代哲学思考的一个课题。

回到儒家哲学,在全球化的问题上,已经有学者用理学的"理一分殊"来说明东西方各宗教传统都是普遍真理的特殊表现形态,都各有其价值,又共有一致的可能性,用以促进文明对话,这是很有价值的。①我所想补充的是,从儒家哲学的角度,可以有三个层面来面讲,第一是"气一则理一,气万则理万",气在这里可解释为文明实体(及地方、地区),理即价值体系。每一特殊的文明实体都其自己的价值体系,诸文明实体的价值都是理,都有其独特性,也都有其普遍性。②第二是"和而不同",全球不同文明、宗教的关系应当是"和",和不是单一性,和是多样性、多元性、差别性的共存,同是单一性、同质性、一元性,这是目前最理想的全球文化关系。第三是"理一分殊",在差异中寻求一致,为了地球人类的共同理想而努力。

朱子在《四书集注》中,既谈到"理势之当然",又谈到"理势之必然"。用这样的话观点来说,全球化是"自然之势",但人可以而且应当"因其自然之势而导之",这样才能把理和气结合起来,把理势之自然和理势之当然结合起来,历史才能向着人的理想的方向前进。

---

① 刘述先:《全球伦理与宗教对话》,台湾立绪文化公司,2001年。
② 表面上看,这有流于相对主义的危险,但对反对文化霸权而言,却不失为一种理据。这里的关键是论域,在世界文化格局的论域里,人们所关注的,是文化霸权主义还是文化相对主义是当前主要的危险。应当说,在全球的文明关系中霸权主义是主要的危险。当然,若论域不同,如在一国内的文化状态来说,相对主义与虚无主义的问题亦值得重视。